JN026983

SILICON VALLEY

シリコンバレーは日本企業を求めている

世界が羨む最強のパートナーシップ

アニス・ウッザマン
ペガサス・テック・ベンチャーズ
代表パートナー兼CEO

米倉誠一郎
法政大学大学院 教授
一橋大学 名誉教授

ダイヤモンド社

JAPAN

はじめに

日本への憧れと、落日への懸念

この本は、日本企業がイノベーションを起こし、世界経済におけるプレゼンスを再び高めるための道筋を示したものです。「なぜ、日本でイノベーションを起こすのが難しいのか」について書かれた本はたくさんあります。しかし、「では、どうすればいいのか」という具体論が示されているものは多くはありません。私と共著者である米倉誠一郎教授は、その答えを示したいと思い、この本を書きました。

その答えとは、日本企業の持つ確かな技術力や組織力と、世界トップレベルのスタートアップが持つアイデアや最先端技術を組み合わせるというものです。世界中のスタートアップの中から自社の可能性を最大化する相手と出会い、ともにイノベーションを起こす。

また、それは世界トップレベルのスタートアップからパートナーとして選ばれることも意味します。日本企業には彼らの期待に応えるだけの力がある、そう私は信じています。

とはいえ、どうやってそんな相手を探し出すのか。お互いの強みをぶつけ合い、融合することで、新たな価値を生み出すには何が必要なのか。課題は尽きません。これらについては、本文で詳しく述べていきます。

シリコンバレーに本拠を置くベンチャーキャピタリストである私が、なぜ日本企業をここまで応援するのか。それを知っていただくために、私のこれまでの歩みをお話ししましょう。

子どもの頃、私は多くの日本製電気製品に囲まれて過ごしました。冷蔵庫は日立、テレビはソニーの製品だったことを覚えています。コンパクトながら無駄のないすっきりとしたデザイン、手頃なサイズと価格、そして何よりも高い性能と品質に、私はもちろん世界中の人が魅了されていました。１９８０年代、日本は間違いなくイノベーションとテクノロジーの中心だったのです。

エンジニア志望だった私が東京工業大学に留学したのは、日本の奨学金が得られたことが直接の理由ですが、電気製品を通じて抱いていた日本への憧れが背景にありました。卒業後にオクラホマ州立大学の工学部電気情報工学専攻にて修士を取得し、ＩＢＭに就職しましたが、並行して東京都立大学で工学博士を取得しました。

日本では大勢の素晴らしいエンジニアに出会いました。その多くは真面目で極めて優秀、柔軟な発想や驚かされるようなアイデアを持つ方も珍しくありませんでした。そこで、私は思ったのです。これほど優秀な人材があふれているのに、なぜ日本からはイノベーションが生まれなくなってしまったのだろうと。「失われた30年」といわれるように、１９９0年代後半以降、世界経済における日本のプレゼンスは急激に低下していたのです。

日本で知り合ったエンジニアの多くは、伝統的な大企業に就職していきました。大企業はそうした優秀な人材を多く迎え入れながらも、イノベーションを起こせずに悩んでいました。それは、ＭＩＴやスタンフォードをはじめとするアメリカの有力大学が次々と起業家を輩出し、その中から大成功を収めるスタートアップが現れ、既存の大企業もその革新性をテコにトランスフォームを繰り返すというアメリカの姿とは、まるで対照的でした。

なぜIBMは何度も生き返るのか

日本での博士課程を終えてアメリカに戻った私は、伝統的な大企業であるＩＢＭに入りました。しかしＩＢＭは、常に新陳代謝を繰り返し、フレッシュな頭脳と若々しい筋肉質な体を持ち続けている点が、日本の大企業とは根本的に異なっていました。

私が携わったのも、まさにそれを体現する仕事でした。投資部門に身を置いて、世界のトップレベルの技術やビジネスコンセプトを発掘して自社に取り込むための戦略投資とＭ＆Ａに携わったのです。ＩＢＭは1世紀以上に及ぶ長い間、何度も事業領域を大胆に転換するトランスフォームによって生き抜いてきた巨象です。そのしぶとさを中から垣間見るだけでなく、みずから一端を担う経験をしたことが、いまのキャリアにつながりました。

そして、ここで得たエッセンスを活用するために立ち上げた会社が、現在のペガサス・テック・ベンチャーズ（以後、ペガサス）です。ＩＢＭのメソッドをベンチャーキャピタルの世界で活用することで戦略的なリターンを狙う事業会社専用のファンドを立ち上げる仕組みを構築し、展開することにしたのです。この本で紹介する、新たなベンチャー投資モデル「ＣＶＣ４・０」の始まりです。

この投資モデルは、アメリカ、欧州、アジアで強い関心を持ってもらいましたが、なかでも反響が大きかったのが日本です。これは私が予想し、期待していたことでもあります。少年時代の憧れの国だった日本に、かつてのような輝きと勢いを取り戻してほしい。それをお手伝いすることで、私に学びの場を提供してくれた日本に恩返しをしたい。それが、私がペガサスを起こした理由の１つだからです。

いまでは世界35以上のパートナー企業とともに、ＣＶＣ４・０を活用することで大企業とスタートアップをつなぎ、２００以上の新規事業や事業提携に結び付けた実績を持つまでになりました。日本の事業会社が世界トップレベルのスタートアップとタッグを組み、ベストプラクティスを生み出すための「独自の方法論」の構築に成功したのです。よってこの本では、ＩＢＭ時代、そしてペガサスにおける10年の経験から学んだすべてを皆さんとシェアします。これも恩返しの１つだと考えています。

近年、ＧＡＦＡをはじめとする世界トップ企業の多くは、こぞってＣＶＣという仕組みを活用し、投資を通じてスタートアップのダイナミズムを取り込むことで、新陳代謝を図っています。むしろ、ＣＶＣなしで持続的な成長を実現するのは不可能だと言っても過言ではありません。

その中で、我々が構築した「ＣＶＣ４・０」（私がオリジナルで考えた呼称。なぜ４・０なのかは本文で詳しく解説します）は、他のＣＶＣとは明らかに一線を画しています。日本特有の課題を解決し、痒いところに手が届くような工夫をいくつもしているからです。

もちろん、勉強熱心な日本の方がＣＶＣの利点を知らないわけがありません。だから過去にも何度かＣＶＣブームがやって来て、多くの企業がベンチャー投資に挑戦しました。しかし、期待したような成果を得られず、ベンチャー投資から撤退した日本企業は数え切れません。

ただし、いまが過去の何度かのブームと違うのは、これまでにないほど日本の伝統的な企業が厳しい環境に置かれているという点です。ベンチャー投資は難しい、だからやめよう、もう少し様子を見よう、などと言っている時間は残されていません。いまこそ、新しいアイデアや技術を貪欲に取り込んでトランスフォームしなければ、日本は世界の中で忘れられた存在になってしまう。そのことを、私は本気で恐れています。

最強のパートナーシップを日本企業に

私が日本にこだわるもう1つの理由が、共著者である米倉誠一郎教授の存在です。米倉教授との出会いが、私の日本における活動の一番の原動力になっています。

米倉教授と初めて会ったのは2016年、一橋大学でのイベントでした。共通の知人に紹介してもらって話すうちに、人を惹き付ける前向きな力と優しい人柄にどんどん魅了されていきました。それから徐々に距離を縮め、何度も話し合いを重ねるうちに、米倉教授が日本企業のイノベーション創出に並々ならぬ情熱を注いでいることがわかってきました。その思いは私も同じです。2人の力を合わせて何かしたいと考えるようになり、そしてついに、こうして一緒に本を書くことになったのです。

共同で執筆するに当たって、私たちは役割分担をすることにしました。米倉教授には、日本の産業史を振り返るとともに、変われない日本の元凶を整理したうえで、世界トップレベルのスタートアップとの連携、すなわちオープンイノベーションの可能性を説いていただきました。本書の第1章です。

教授は常々、日本の覚醒のためにはショック療法が必要で、それなしに日本経済や日本企業を活性化させることはできないと公言してきました。そして、日本の経済政策や企業戦略を時には厳しく批判し、背中を押してきたのです。米倉教授よりほかに、このパートの書き手としてふさわしい人を、私は知りません。

第2章から第4章は、私が担当しました。第2章では、世界のイノベーションハブであるシリコンバレーの真実を、現地のネットワークに深く入り込んだインナーサークルの一員として解説しています。

第3章では、イノベーションを渇望しながら実現できない日本企業の現実と、それを打破する方法を示しました。実は世界中のスタートアップが、日本企業が持つ確かな技術力や組織力を評価し、その力を求めています。そこで私は、最強のパートナーと出会い、また彼らから選ばれるために、どう思考して行動すべきかを提言しました。

第4章では、世界トップレベルのスタートアップと連携するために最も効果的な手法であるCVC4・0の仕組みや、その結果生まれたベストプラクティスを、惜しみなく紹介しました。企業ごとの課題や環境に応じた取り組み方があることを理解いただければ、必ずトランスフォームに向けた一歩を踏み出せるはずです。

この本は、米倉教授と私によるパートナーシップの結果、生まれたものです。この本を通じて、日本企業と世界トップレベルのスタートアップによる「最強のパートナーシップ」が実現することを願っています。

２０２１年８月

アニス・ウッザマン

CONTENTS

CONTENTS

第3章 日本企業を苦しめるイノベーションのジレンマ

第４章 最強のパートナーシップを築く

終章 未来を切り拓くための選択

第1章

楽観主義で行こう!

米倉誠一郎 著

日本企業が夢と希望を見出すヒントはどこに？

悲観主義は気分に属し、楽観主義は意志に属する

ポストコロナ時代を迎えるに当たって、日本企業の夢と希望について語りたい。その夢と希望とは、戦後世界第2位の経済力を築き上げた日本企業の競争力・技術力と、1990年代以降30年間にわたる低迷（失われた30年）の間に潜んでいる。この低迷は実に大きな謎である。だからそこにヒントがある。そして、そのヒントを探っていく前に、大きな声で言いたいことがある。たとえ先行き不透明な現状であっても、こう言いたいのだ。

「楽観主義で行こう！」

ただし、これは掛け声の話ではない。意志の問題だ。フランスの哲学者・アランは、「悲観主義は気分に属し、楽観主義は意志に属する」と言った。楽観的であるには強固な意志が必要であり、強固な意志を堅持するには冷静な現状認識が必要である。

人間は、弱っている時や負けが込んでいる時に、つい「自分たちにはこれがない、あれもない」とないものばかりを嘆きがちだ。しかし、そんな時こそあるものをしっかりと認識し、それらを「新たに組み合わせること」（新結合）が重要なのである。なぜなら、この新結合こそイノベーションだからである。

政治も経済も三流国？　トランスフォームできなかった日本

1995年から2000年にかけての日本の「1人当たりの名目GDP」は、世界第3位。1位が人口50万人足らずのルクセンブルク、2位が人口900万人程度のスイスだったことを考えると、人口1億2700万人（当時）にも及ぶ日本の3位は驚異的快挙である。ところが、それから20年が経った２０２０年では、１人当たりＧＤＰはなんと26位にまで転落しているのである。

「でも、まだ総額ＧＤＰは世界3位と健闘しているじゃないか」と言う読者もいるかもしれない。そこで、現状の事実確認から始めたい。

まず［図表１－１］は、１９９８年から２０２０年の22年間における名目ＧＤＰ上位10カ国の伸び率をまとめたものである。これを見ると、日本の一人負けが明らかである。

わかりやすいメタファーで説明しよう。１９９８年に全員身長１００センチの10人の幼稚園生（５歳）がいたとする。そこから22年経った27歳の時に、各人がどのくらい成長したかを見てみるとどうなったか。

まず、アメリカは2メートル31センチと、2倍以上に成長した。そして、ドイツ、イギリス、フランスのヨーロッパ主要3カ国は、1メートル70センチ前後と平均的。最も驚くべきは、14メートル38センチの中国だ。まさに「進撃の巨人」を彷彿とさせる大巨人である。さらにインドの6メートル32センチも驚異的だし、お隣の韓国もなんと4メートル26センチまで伸びていた。意外だったのはカナダ。アメリカを超える2メートル59センチに

[図表1-1]名目GDP上位10カ国 22年間の伸び率（2020年 vs. 1998年）

国名	順位	2020年（単位:100万ドル）	順位	1998年（単位:100万ドル）	伸び率	現在の身長
アメリカ	1	20,932,750	1	9,062,830	231%	2.31m
中国	2	14,722,840	7	1,024,170	1438%	14.38m
日本	3	5,048,690	2	4,098,360	123%	1.23m
ドイツ	4	3,803,010	3	2,242,070	170%	1.70m
イギリス	5	2,710,970	4	1,651,780	164%	1.64m
インド	6	2,708,770	13	428,767	632%	6.32m
フランス	7	2,598,910	5	1,505,180	173%	1.73m
イタリア	8	1,884,940	6	1,271,700	148%	1.48m
カナダ	9	1,643,410	9	634,004	259%	2.59m
韓国	10	1,630,870	14	382,855	426%	4.26m

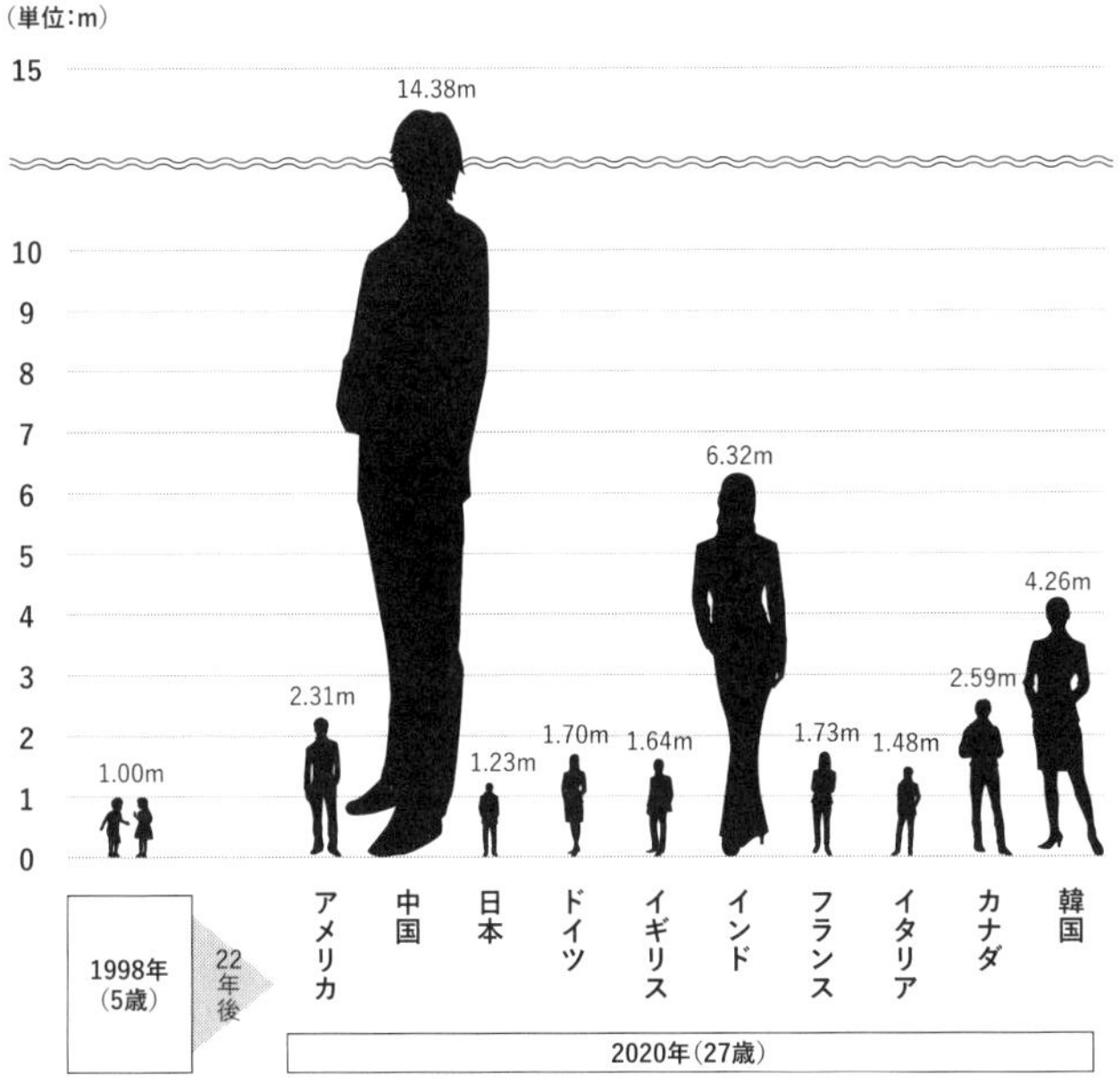

（単位:m）
15
10
9
8
7
6
5
4
3
2
1
0

1.00m
2.31m
14.38m
1.23m
1.70m
1.64m
6.32m
1.73m
1.48m
2.59m
4.26m

1998年（5歳）
22年後
アメリカ
中国
日本
ドイツ
イギリス
インド
フランス
イタリア
カナダ
韓国
2020年（27歳）

出所:IMF「世界の名目GDPランキング」

達している。
では、日本はどうなったか——。その結果は1メートル23センチと小学校低学年並み。同じく伸び悩んでいるイタリアの1メートル48センチよりもずっと低く、10カ国の中で最低の伸び率だ。育ち盛りの22年間で伸びた身長はたった23センチと、ほとんど成長していなかったのと同じである。

この停滞の最大の要因は、実は「生産性の低さ」にある。［図表1－2］は、日本生産性本部がOECD加盟国の時間当たりの生産性をアメリカドルに換算したものである。2019年時点で日本は時給47・9ドルを稼ぎ出しているが、世界で見ると21位。他のG7加盟国（アメリカ、ドイツ、イギリス、フランス、イタリア、カナダ）と比べると、大きく水をあけられている。しかし冷静に考えて、日本人が世界諸国と比較して真面目に働いていないのかといえば、けっしてそんなことはない。みな生真面目に働いているではないか。むしろ問題なのは、生産性を上げるために必要な設備投資や働き方の改革がなされてこなかったことである。

[図表1-2]OECD加盟国の時間当たり生産性(2019年)

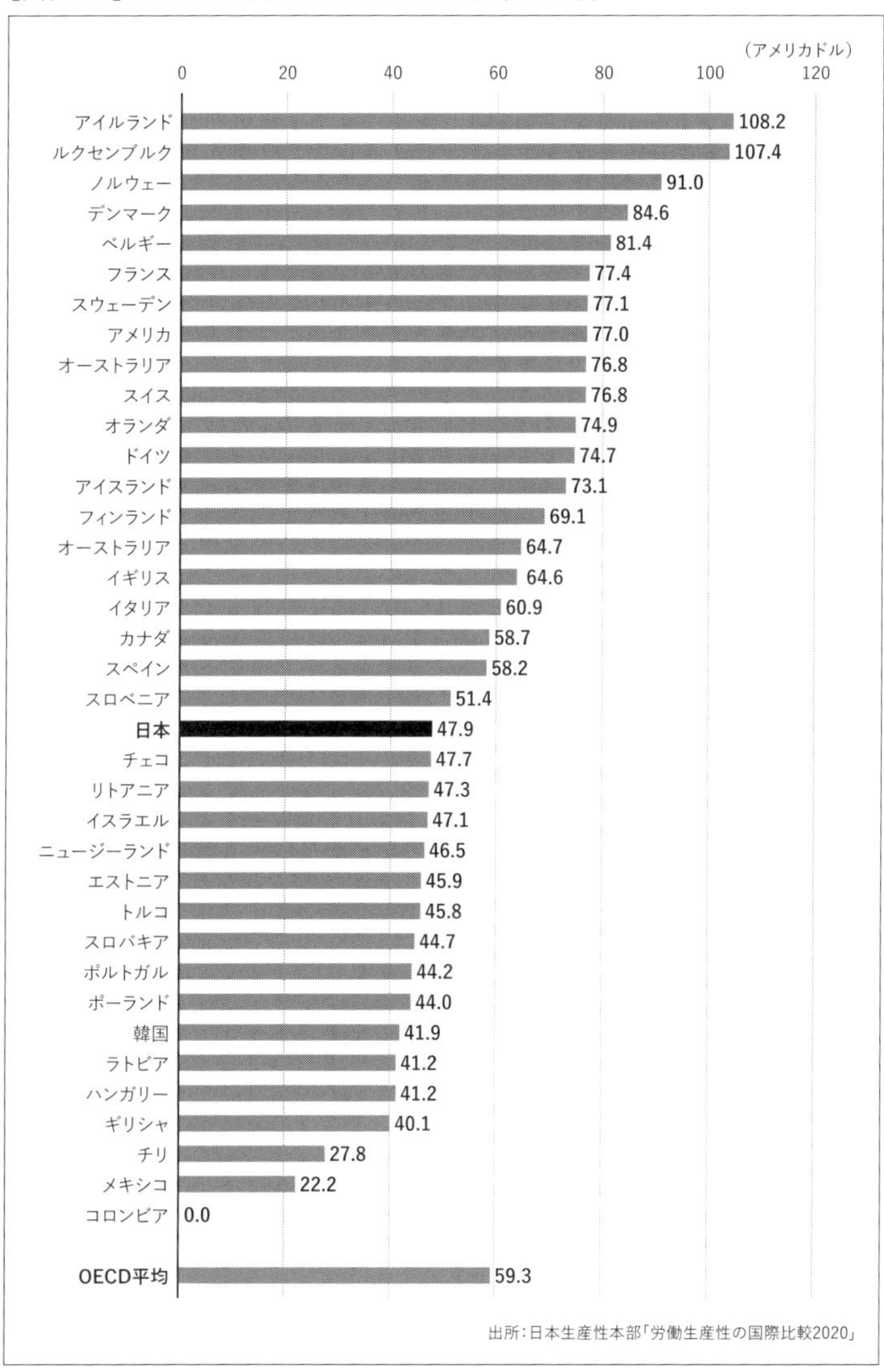

出所：日本生産性本部「労働生産性の国際比較2020」

さらに深刻なのが、賃金水準の低さだ。［図表1－3］の通り、2019年の平均賃金（年収）を比較してみると、OECD諸国の中で日本は24位と、先進国では最低レベルにある。

また1998年から2019年までの賃金の伸び率を見てみると、バルト3国や東欧諸国の大きな伸びが目立つ中で、アメリカ127%、ドイツ120%、イギリス132%、フランス124%と、イタリア以外のG7加盟国も2割以上伸ばし、お隣の韓国においては146%と5割近く伸ばしている。半面、日本は101%とほぼ横ばい。ここでも、日本がほとんど成長できていないことが読み取れる。

しかしその一方で、2019年の日本企業の内部留保は名目GDPに迫る475兆円まで膨れ上がり、過去最高を記録した（ただし2020年はコロナ禍による業績悪化で企業の内部留保はある程度の減少が予想される）。にもかかわらず、労働分配率は歴史的低水準という現実がある。

これらのデータから見えてくるのは、必要な投資と賃上げをせず、いたずらに短期的収益を追い続けてきた日本企業の姿である。

[図表1-3]OECD加盟国の平均賃金（年収）と伸び率（2019年 vs. 1998年）

順位	国名	2019年の平均年収（アメリカドル）	1998年の平均年収（アメリカドル）	年収の伸び率
1	ルクセンブルク	68,681	55,693	123.3%
2	アイスランド	68,006	47,305	143.8%
3	スイス	66,567	56,641	117.5%
4	アメリカ	65,836	51,500	127.8%
5	デンマーク	57,150	45,050	126.9%
6	オランダ	56,552	49,280	114.8%
7	ベルギー	55,590	48,823	113.9%
8	オーストラリア	54,401	44,997	120.9%
9	ノルウェー	54,027	36,119	149.6%
10	オーストリア	53,903	47,134	114.4%
11	ドイツ	53,638	44,454	120.7%
12	カナダ	53,198	42,533	125.1%
13	アイルランド	50,490	36,040	140.1%
14	イギリス	47,226	35,613	132.6%
15	スウェーデン	46,695	32,744	142.6%
16	フランス	46,481	37,274	124.7%
17	フィンランド	45,698	36,852	124.0%
18	ニュージーランド	44,031	33,183	132.7%
19	韓国	42,285	28,785	146.9%
20	スロベニア	40,220	27,215	147.8%
21	イスラエル	39,403	33,901	116.2%
22	イタリア	39,189	37,591	104.3%
23	スペイン	38,758	38,800	99.9%
24	日本	38,617	37,883	101.9%
25	ポーランド	31,970	19,263	166.0%
26	エストニア	30,297	11,283	268.5%
27	チェコ	29,281	15,704	186.5%
28	リトアニア	28,914	11,368	254.3%
29	ラトビア	28,454	10,465	271.9%
30	ギリシャ	27,459	26,621	103.1%
31	チリ	26,916	17,112	157.3%
32	ポルトガル	26,634	26,250	101.5%
33	ハンガリー	26,223	16,007	163.8%
34	スロバキア	25,452	15,130	168.2%
35	メキシコ	17,594	15,287	115.1%

出所：OECD東京センター「OECD主要統計：平均賃金」

さらに、スイスに拠点を置くビジネススクールのIMDが毎年出している『世界競争力年鑑』2020年度版の結果によると、日本の競争力低下が著しいことがわかる［図表1－4］。1989年から1992年までは世界1位の座にあったが、その後1997年のバブル崩壊・金融危機で17位に急落した。2000年代は20位台に留まっていたが、ついに2020年には34位に転落、他のG7諸国はもちろん、中国（20位）、韓国（23位）、タイ（29位）などの後塵を拝している。

このIMD『世界競争力年鑑』が興味深いのは、すべての分野を合わせた総合順位だけでなく、4つの大分類（経済状況、インフラ、政府効率性、ビジネス効率性）に加えて、大分類の下にある5つの小分類（計20項目）の各分野においても、ランキングが公表されていることである。必ずしもビジネス効率性だけに基づかず、経済状況、政府効率性、インフラも含めた多様な分野を織り込んで算出されている点が面白い。

日本は総合ランキングでは34位だが、経済状況ランキングでは意外にも11位と健闘している。かつては生活費と賃料が高いことで評価を下げていたが、近年では雇用の安定性や積極的な海外直接投資が評価されたことがその背景にある。またインフラランキングにおいても、科学や環境・健康分野の高得点に支えられて21位につけている。

[図表1-4]著しい日本の競争力低下

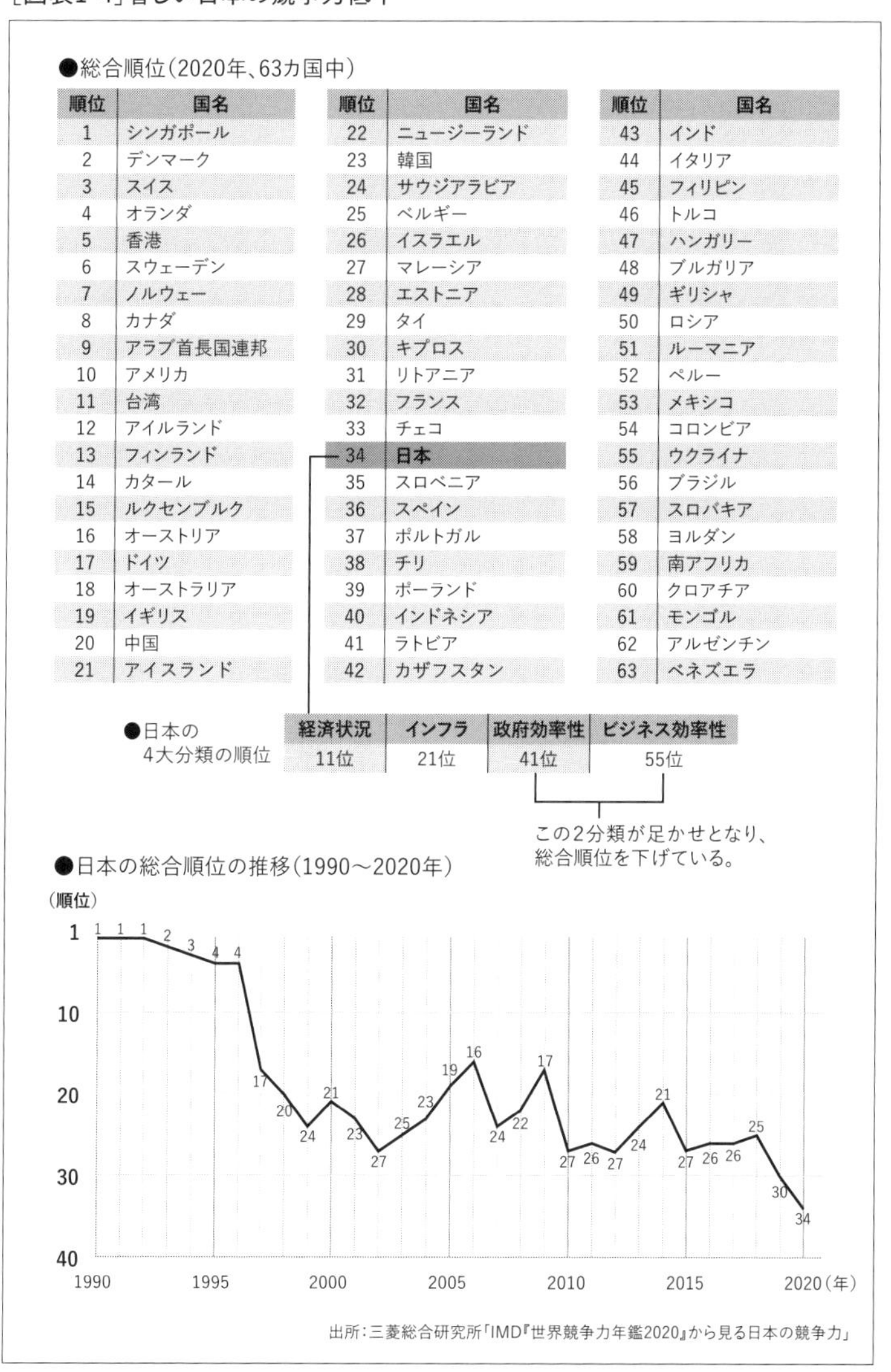

●総合順位（2020年、63カ国中）

順位	国名	順位	国名	順位	国名
1	シンガポール	22	ニュージーランド	43	インド
2	デンマーク	23	韓国	44	イタリア
3	スイス	24	サウジアラビア	45	フィリピン
4	オランダ	25	ベルギー	46	トルコ
5	香港	26	イスラエル	47	ハンガリー
6	スウェーデン	27	マレーシア	48	ブルガリア
7	ノルウェー	28	エストニア	49	ギリシャ
8	カナダ	29	タイ	50	ロシア
9	アラブ首長国連邦	30	キプロス	51	ルーマニア
10	アメリカ	31	リトアニア	52	ペルー
11	台湾	32	フランス	53	メキシコ
12	アイルランド	33	チェコ	54	コロンビア
13	フィンランド	34	日本	55	ウクライナ
14	カタール	35	スロベニア	56	ブラジル
15	ルクセンブルク	36	スペイン	57	スロバキア
16	オーストリア	37	ポルトガル	58	ヨルダン
17	ドイツ	38	チリ	59	南アフリカ
18	オーストラリア	39	ポーランド	60	クロアチア
19	イギリス	40	インドネシア	61	モンゴル
20	中国	41	ラトビア	62	アルゼンチン
21	アイスランド	42	カザフスタン	63	ベネズエラ

●日本の4大分類の順位

経済状況	インフラ	政府効率性	ビジネス効率性
11位	21位	41位	55位

この2分類が足かせとなり、総合順位を下げている。

●日本の総合順位の推移（1990〜2020年）

出所：三菱総合研究所「IMD『世界競争力年鑑2020』から見る日本の競争力」

その一方で、政府効率性ランキング（41位）と、ビジネス効率性ランキング（55位）に対する評価は低い。政府効率性で言えば、巨額の財政赤字を放置し、煩雑な政府規制がほとんど改善されていない点、さらにはコロナ禍で明らかになったデジタル化の遅れが足を引っ張っていると考えられる。ただし本当に憂慮すべきは、ビジネス効率性ランキングが55位とさらなる劣位にあることである。日本企業の研究開発支出や人材力、特許出願数などの科学インフラは高く評価される一方、意思決定の迅速性、市場適応能力、新規事業開拓、企業家精神（アントレプレナーシップ）、人材流動性、女性・外国人材の活用などにおいて、著しい低得点と低評価を受けているのである。

あれっ？　日本は「経済一流、政治三流」といわれていたのではなかったのか。いったい何が起こったのだろうか――。

一言で言えば、時代に対して変革（トランスフォーム）し遅れたのである。１９９０年代から世界は大きく変わった。インターネット、スマートフォンの普及、グローバリゼーションの進展、デジタル化、女性の社会進出、インバウンドの興隆、ミレニアル世代、ジェネレーションZなどなど、変化は怒涛のように押し寄せていた。そのスピードに、日本のビジネスシステムはまったく追い付いていないということだ。日本が成功を収めた時代のシステムがまだうまく機能すると考えていたのならば、そもそもそこが間違っていたのである。

それでもまだ高い日本の信頼度

これらの数字を見ると日本の衰退が明らかだが、一方でまったく違った日本の姿も存在する。楽観主義を謳うのだから、ちょっと視点を変えてみよう。

国際的コンサルティング企業レピュテーション・インスティテュート（Reputation Institute）の調査に「世界国別評判ランキング」［図表1－5上段］がある。これは、G8（アメリカ、日本、ドイツ、フランス、イギリス、イタリア、カナダのG7諸国に、ロシアを加えた計8カ国）の5万8000人を対象にした、GDP上位55カ国に対する評判ランキングである。評価軸は「経済、環境、政府」の3軸だが、直近の2019年調査で日本は第11位につけている（ちなみに2018年度の調査では第8位）。

このランキングの顔ぶれを見て驚くのは、そのほとんどはスウェーデン、スイス、ノルウェー、フィンランドなどのように、小国ばかりであるということ。経済大国で唯一トップ10入りしているのはカナダだけであり、これは多様性を掲げているトルドー政権の影響が大きいだろう。日本は経済大国の中ではそのカナダに次ぐ順位に位置しており、世界からの評判としては健闘している。

また、イギリスの国営放送BBC（British Broadcasting Corporation）が行った2017年の調査では、「世界に良い影響を与えている国」［図表1－5下段］の第3位に日本が選ばれている。2007年、2008年、2012年では第1位の実績もあり、日本は常にトップ5以内に位置する常連国である。ちなみに、この調査は世界22カ国の1万8000人を対象としたものだが、日本人は含まれていない。そのため、日本に対してニュートラルな立場の人々が日本を高く評価しているといえる。

さらには、シンガポールのISEASユソフ・イシャク研究所が2019年末にASEAN10カ国で行った2020年度版調査［図表1－6］によると、日本が平和や繁栄に貢献する国として高く評価されていることがわかる。

たとえば「世界の平和、安全保障、繁栄、ガバナンスに貢献するために正しいことを実施する国であると信頼できるか」という問いに対して、「非常に信頼できる」「信頼できる」の合計は、日本が61・２％と最も高く、次がＥＵ38・７％、続いてアメリカ30・３％である。中国は16・１％で、インドの16・０％とほぼ等しい。反対に「信頼できない」「ほとんど信頼できない」の合計は、中国が60・４％と最も高く、インド53・５％、アメリカ49・７％と続き、日本は最も低い21・３％。信頼度において日本は圧倒的な地位を占めていることがわかる。

また、自由貿易の担い手としても日本は評価が高い。「どの国が自由貿易推進のリーダーシップを執っているか」という問いでは、日本は最も多い27・６％。次にＥＵ25・５％、中国14・７％、アメリカ14・５％と続く。

その一方で「どの国が経済的に最も影響力があるか」という質問になると、中国が79・２％と圧倒的になる。２位はＡＳＥＡＮ８・３％、３位はアメリカ７・９％。日本は４位の３・９％だ。さらに「どの国が政治および戦略面で最も影響力があるか」についても、中国が52・２％と最も多く、続いてアメリカ26・７％、ＡＳＥＡＮ18・１％となるが、日本はわずか１・８％しか獲得できていなかった。

[図表1-5]世界から見た日本のポテンシャル

●世界で最も評判の良い国(2019年、55カ国中)

順位	国名	順位	国名	順位	国名
1	スウェーデン	20	チェコ	39	エジプト
2	スイス	21	フランス	40	メキシコ
3	ノルウェー	22	ギリシャ	41	カタール
4	フィンランド	23	タイ	42	イスラエル
5	ニュージーランド	24	台湾	43	ルーマニア
6	カナダ	25	ペルー	44	トルコ
7	デンマーク	26	ポーランド	45	中国
8	オーストラリア	27	マレーシア	46	アルジェリア
9	オランダ	28	チリ	47	バングラデシュ
10	アイルランド	29	アルゼンチン	48	コロンビア
11	日本	30	ベトナム	49	ベネズエラ
12	スペイン	31	韓国	50	ナイジェリア
13	オーストリア	32	アラブ首長国連邦	51	ロシア
14	ベルギー	33	インドネシア	52	サウジアラビア
15	イタリア	34	ブラジル	53	パキスタン
16	ポルトガル	35	フィリピン	54	イラン
17	シンガポール	36	アメリカ	55	イラク
18	イギリス	37	インド		
19	ドイツ	38	南アフリカ		

出所:Reputation Institute「RepTank “The World's Most Reputable Countries 2019”」

●世界に良い影響を与えている国(2017年、17カ国中)

順位	国名	順位	国名	順位	国名
1	カナダ	7	中国	13	ロシア
2	ドイツ	8	ブラジル	14	イスラエル
3	日本	9	韓国	15	パキスタン
4	フランス	10	インド	16	北朝鮮
5	イギリス	11	南アフリカ	17	イラン
6	EU	12	アメリカ		

出所:BBC「世界影響度調査2017」

［図表1-6］ASEANから見た日本の立ち位置（2020年）

●世界の平和、安全保障、繁栄、ガバナンスに貢献するために
正しいことを実施する国であると信頼できるか

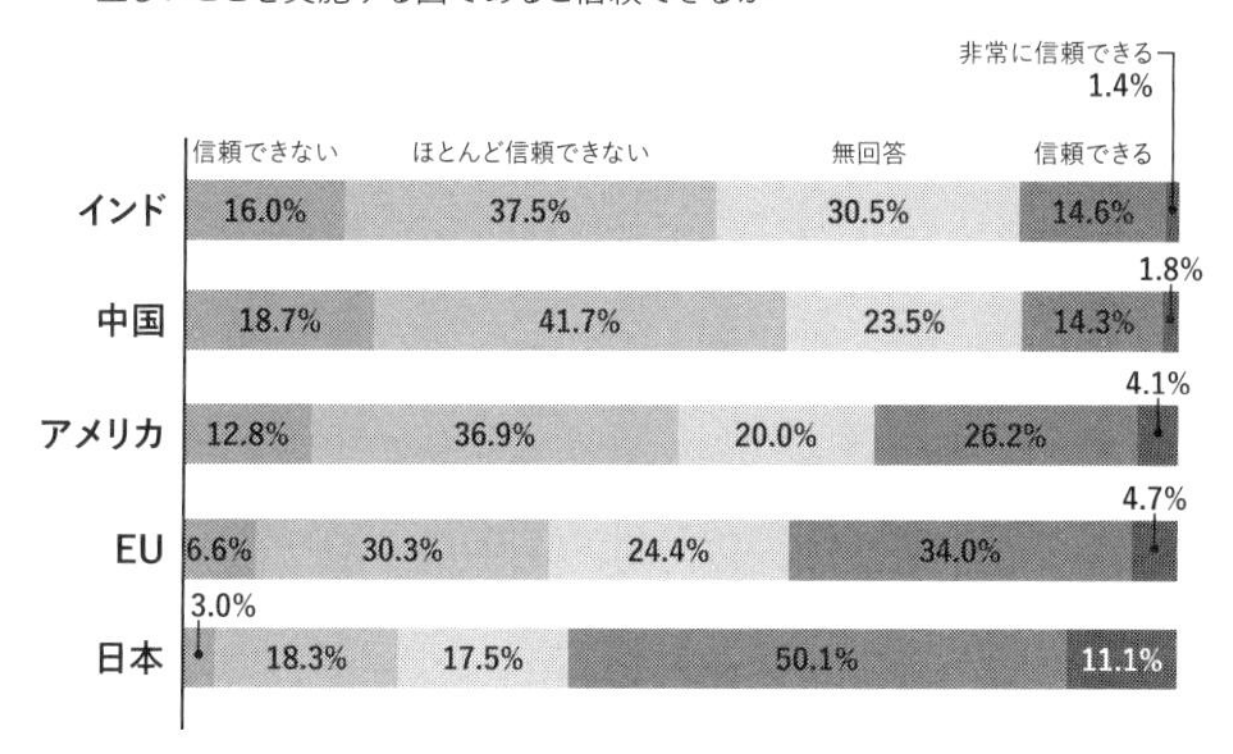

●どの国が自由貿易推進のリーダーシップを執っているか

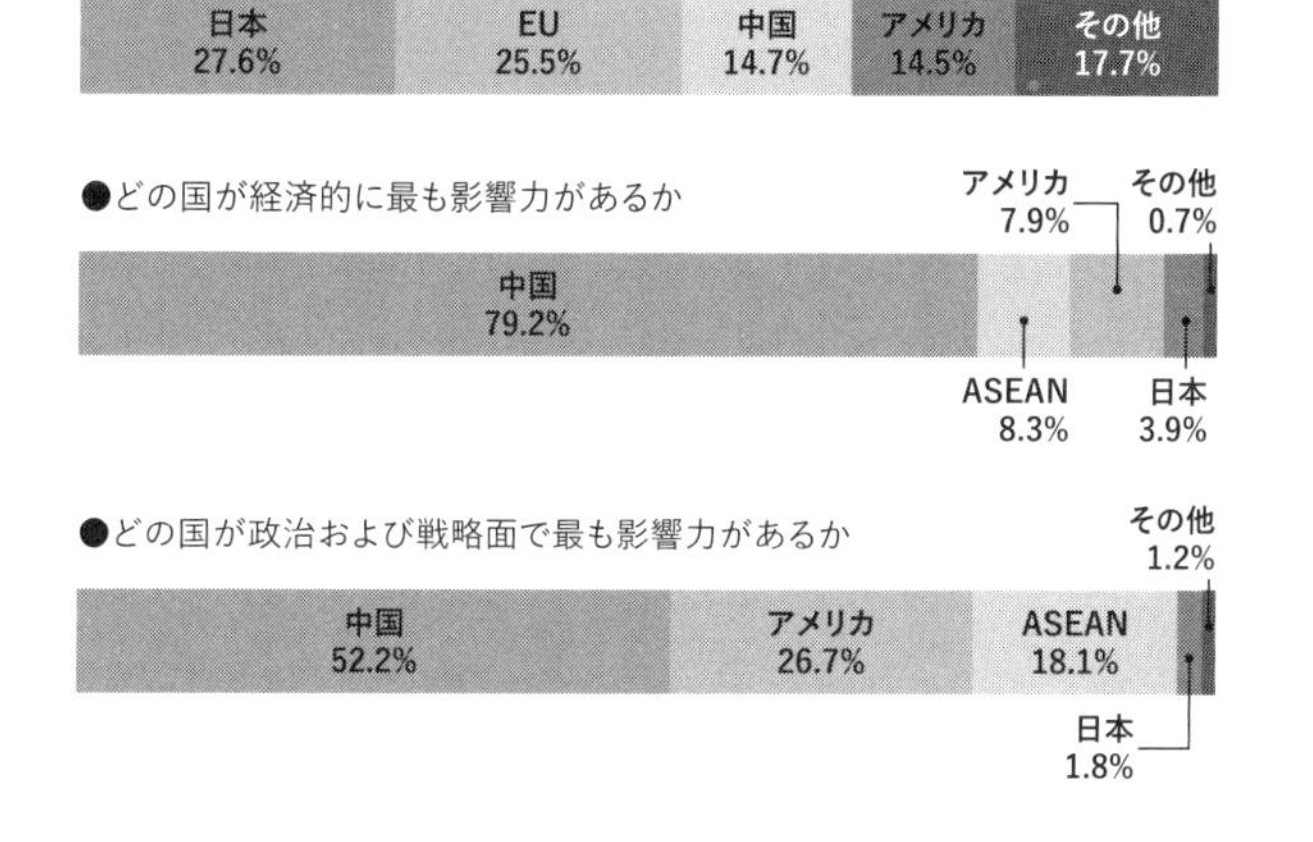

出所：ISEAS「The State of Southeast Asia」

これらの評価から見えてくるのは、日本がいわゆる経済大国や政治大国といった役回りではなく、平和や自由貿易推進者として信頼を受けていること、また技術力や国際貢献といった善良なる振る舞いで尊敬を受けていることである。

たしかに、ボリュームで見た経済力では近年縮小の一途をたどっているが、世界経済フォーラム（World Economic Forum）の「国際競争力レポート２０１９」イノベーション調査では、日本はまだ世界6位に名を留めているし、世界の特許出願数３２２万件のうち日本は31万件と、中国の１４０万件、アメリカの62万件には及ばないものの、韓国の22万件、欧州（欧州特許庁）１万件と比較しても、かなり健闘している。

つまり「けっして経済大国や政治大国ではないが、世界に良い影響を与え続ける国。また、地道に研究開発を継続する国」、この辺りに〝日本の立ち位置〟があるように思う。そして、その源泉には、途上国の社会課題解決につながる国際協力や技術移転などのソーシャルなオリエンテーションスキルがある。

ただし、こうした日本のソーシャルなスキルを維持するためにも、確固たる経済力やイノベーション力はどうしても必要になる。よってここからは、その方向性を探っていく。

「ジャパン・アズ・ナンバーワン」世界最強の競争力

日本を牽引した2つのモデルとは

フランスの哲学者・アランが「悲観主義は気分に属し、楽観主義は意志に属する」と言ったように、楽観的であることは意志の問題だが、根拠のない楽観主義は単なる夢想である。そこで、根拠ある楽観主義を貫くために、現状の日本に至る歴史的経緯を見ていこう。

まず、1990年までに日本がなぜこれほどの成功を収めたのかについて、高度経済成長期と石油ショック後の時期を中心に、日本が蓄積した成功体験を確認しておきたい。一国の経済が驚くべき成長を遂げているのには、それなりの理由があり、それを総称する名前がある。たとえば、古くはイギリスの「世界の工場モデル」、あるいは自由競争をベースとした「見えざる手モデル」、20世紀アメリカの「ビッグビジネスモデル」、1980年代の「第三のイタリアモデル」あるいは「フレキシブル・マニュファクチャリング・モデル」、そして1990年代以降の「シリコンバレーモデル」などである。

日本も例外ではない。その成長の軌跡には明白な理由があり、それを多くの歴史家や経済学者がさまざまな名前で呼んでいる。いわゆる「モデル」という概念だ。逆に言えば、多くの人が通称で呼ぶような（いわゆる人口に膾炙する）モデルをつくり出さない限り、圧倒的な競争力を築くことはできないということだ。

日本は、第2次世界大戦で約250万人から310万人ともいわれる戦没犠牲者を出し、国富の約25%を失った。東京をはじめとした主要都市は空襲で壊滅的損傷を受け、広島・長崎にいたっては原子爆弾の投下を受けた。主要500社の上位約2500人の経営者は経済人パージによって追放され、戦前の財閥は徹底的に解体された。

こうした厳しい現実にもかかわらず、終戦から19年目の1964年にはアジアで初めてとなる東京オリンピックを開催し、１９６９年には当時の西ドイツを抜いて、アメリカに次ぐ世界第2位のＧＤＰを実現したのである。この１９５０年代から１９６０年代にかけての高度経済成長を牽引したのは、繊維を中心とした軽工業と鉄鋼・造船を中心とした重化学工業だった。

しかし、１９７１年のニクソンショックと、１９７３年と１９７９年の2度にわたるオイルショックによって、日本の高度経済成長は終焉を迎えた。円安と安価な原料によって国際競争力を保ってきた日本経済に、暗雲が立ち込めたのである。当時の新聞などを読むと、その悲壮感は目を覆いたくなるほど沈痛なものであった。

ところが日本がさらなる国際競争力をつけたのは、オイルショック後のことだ。軽工業・重化学工業に代わって、家電・エレクトロニクスそして自動車という機械組立工業がその後の経済成長を牽引したのである。

あらためてここで強調しておきたいのは、この2つの時期の競争力には、前述した通称で呼ばれる「モデル」が存在したということである。

１９５０年代から１９７０年までの前半期のそれは、メインバンクを中心とした企業グループによる設備投資先行型の「高度経済成長モデル」である。

そして１９７０年代後半から１９９０年にかけての後半期のそれは、マクロ的には新技術に対する先行投資を可能とした「企業集団モデル」であり、ミクロ的には少量多品種を可能にした「系列生産モデル」あるいは「ジャスト・イン・タイム・モデル」と呼ばれるものであった。

戦後に台頭したエンジニア出身の経営者たち

１９５０年代から始まる高度経済成長は、造船、鉄鋼、石油化学といった資本・資源集約型の装置産業に牽引された。しかも、この高度経済成長モデルは偶然に生まれたものではなく、川崎製鉄の西山弥太郎に代表される新しい経営者たちによって主導された。彼らは戦後の経済人パージから免れた、中枢から離れた末席経営者たちであった。しかも、多くは現場で陣頭指揮を執っていたエンジニアたちである。川崎製鉄を川崎重工業から分離独立させた西山弥太郎は末席取締役で製鉄部門のエンジニアにして葺合（ふきあい）工場長であり、日立製作所の２代目社長に抜擢された倉田主税（ちから）も序列16位末席重役のエンジニアで笠戸工場長であった。

彼らの関心は、戦中欧米に対して劣位にあった技術力の回復であり、そのための設備投資であった。戦中の資源不足によって思うに任せなかった設備増強を渇望し、戦後になって見せ付けられたアメリカとの差を何とか埋めようと考えた。その時に最も欠落していたのが、資金だった。そこはさすがエンジニア、「借金だ」とシンプルに割り切って、日本ばかりか、アメリカからの復興資金を当てに、大型設備投資に踏み切ったのである。

なかでも、１９５０年頃に発表された西山弥太郎の千葉工場建設は産業界を揺るがすインパクトがあった。当時資本金わずか６億円の川崎製鉄が１６０億円以上の投資をして、世界最新鋭の工場を東京近隣の千葉に建設することをブチ上げたからである。しかも、そのほとんどが世界銀行、政府そして民間からの借り入れであった。これが、長期借り入れによって最新鋭の設備を導入するという「設備投資先行型」の成長モデルの原型となった。

このモデルは戦後解体されていた旧財閥系の金融機関をメインバンクとする企業集団の中に組み込まれることとなった。メインバンク制と企業集団モデルは、巨額な設備投資資金をまかなう長期ローンを提供するだけでなく、借り入れによって弱体化する財務体質を集団内の株式持ち合いで補強し、敵対的買収を防御するという点で合理的であった。このモデルは、「オーバーローン」「金融系列」「ワンセット主義」などさまざまな呼称がつけられることとなるが、意味するところはすべて「長期的な借入金で設備投資を先行させる高度経済成長モデル」の言い換えであった。

そして、この投資先行型の成長モデルによって形成された企業グループがワンセットで各産業に参入すると、極めて寡占型の激しい競争が生まれることになった。その理由は、装置産業に対する多大な先行投資を回収するためには、市場シェア拡大を狙った高い稼働率を維持する必要があったからである。

この激しいシェア争いによって過剰生産や価格崩壊が繰り返され、倒産危機やダンピングなどが起きるようになった。いわゆる「市場の失敗」である。この市場の失敗は、当時の通商産業省（通産省）に強く介入する余地を与えることとなった。そのため、のちにこのモデルは、通産省主導型モデル（いわゆる「日本株式会社論」「通産省と日本の奇跡論」）などと呼ばれ、誤解を生むこととなった。設備投資先行型による高度経済成長モデルの因果を理解しない者にとっては、日本の高度成長は政府によって主導されたと見なされたのである。

しかし因果関係は真逆で、最新鋭の設備投資による大量生産が実現され、その投資回収のための厳しいシェア争いが過剰生産やダンピングなどの「市場の失敗」を招き、通産省の強い介入を招いた。その意味で日本の戦後発展は、「民間主導の経済発展モデル」であり、一時期アメリカなどで表層的に理解された通産省主導型モデルなどではなかった。

しかしながら、戦後日本の目覚ましい成長を支えたこの高度経済成長モデルは、ニクソンショックとオイルショックによって中断され、発展的に次なるモデルに移行することとなった。

弱みを強みに変えたニクソンショックとオイルショック

高度経済成長を謳歌していた日本経済は、１９７０年代に入ると、円切り上げを迫ったニクソンショックと、中東戦争に端を発した２度のオイルショックに見舞われた。円高と原油価格高騰は、人件費高騰を伴いながら、労働集約型の軽工業と燃料依存型の重化学工業を直撃したのである。

しかし、この2つのショックを契機に、日本経済は国際競争力を失うどころか、ますますその強さを世界に見せ付けることとなった。国内産業の構造転換を図り、さらに強靭な産業構造を構築したのである。特に、オイルショック後に国際競争力を伸長させたのは、労働集約型と資本集約型の中間にある産業、具体的には家電、自動車、エレクトロニクス、精密機械、コンピュータなどの機械組立工業であった。それまで戦後の輸出を牽引してきた繊維、玩具、自転車、衣服などの労働集約型の軽工業、また鉄鋼、造船、石油化学などの資源集約型重工業に代わって、その中間の産業が主役の交代を担ったのである。

実際、1960年のトップ5（日立製作所、東京芝浦電気、八幡製鐵、トヨタ自動車、富士製鐵）と、1979年末の日本企業の時価総額トップ5（トヨタ自動車、日産自動車、日本石油、東京電力、松下電器）を比べると、重電や鉄鋼業と入れ替わる形で、自動車と家電が大きく伸びている。日本は、機械組立工業を主体とする産業構造へと大転換を成し遂げたのである。

ただしここで注意しなければならないのは、オイルショックが機械組立工業に比較優位をもたらしたのは日本に限ったことではないということだ。小型車生産に強みを持つヨーロッパ企業や、長く家電・エレクトロニクスにおいて強い競争力を持っていたアメリカ企業にとっても一大チャンスだったわけである。

しかし、１９８０年代に著しい競争力を世界に見せ付けたのは、日本企業であった。そこには、日本独特な経路依存に基づいた生産モデル、あるいは投資モデルが存在していた。いわゆる「系列モデル」である。

ここで言う「系列」という言葉には、２つの意味がある。１つは製造業における生産系列で、アセンブラー（組立メーカー）とサプライヤー（下請け企業）の関係である。もう１つは、戦前の財閥と戦後の銀行・事業グループから発展した、いわゆる銀行系列あるいは企業集団系列である。

ちなみにこうした系列構造は、１９６０年代までは「日本の二重構造」といわれ、後進性の代名詞であった。ゼネラルモーターズ（General Motors; GM）やフォードモーター（Ford Motor）に代表される垂直統合型組織に比べて、非効率・非生産性と思われていたからだ。また、メインバンクを中心とした金融系列や企業集団は戦前の財閥復活などと揶揄され、後進性の残存と見られていた。しかしオイルショックを通じて、日本企業は弱みを強みに変える見事なパラダイムチェンジを果たしたのである。

世界を驚かせたトヨタ発のカンバン生産方式

アメリカのヘンリー・フォードによって開発された「フォーディズム」は、必要な部品生産をほとんど内製化し、「少品種・大量生産」によって大きなコストダウンを達成するビッグビジネスモデルであり、これがアメリカ製造業の競争力の源泉であるとされていた。それに対して日本企業は、部品やコンポーネンツ生産を系列サプライヤーに任せ、アセンブリー時にタイミングよく納入させることによって、「多品種・少量生産」でもコストを抑えることに成功した。

これを先導したのは、トヨタ自動車の技監・大野耐一であった。彼はGMやフォードといったアメリカの垂直統合型自動車企業を見て、それに対抗しうる生産体制として「カンバン生産方式」を編み出した。このカンバン生産方式は、多数の下請け工場をあたかも自社生産部門のように同期させるだけでなく、市況の変動に合わせた生産体制を可能とするものであった。したがってマーケットの需要変動に的確に対応し、少量多品種生産を低コストで実現した。アセンブリーとパーツ・コンポーネンツ納品のタイミングが絶妙なことから、のちに「ジャスト・イン・タイム生産方式」とも呼ばれるようになった。

こうしたトヨタをはじめとする日本自動車企業の圧倒的競争力を徹底分析したアメリカの研究者たちは、日本の生産方式を「リーン・マニュファクチャリング」とも呼んだ。１９９０年のＧＭ従業員が77万人近くいたのに対して、トヨタには７万８０００人しかいなかったため、彼らにとってみれば、日本企業がいかにもリーン（筋肉体質）に見えたに違いない。

しかし、この従業員の少なさはトヨタ本体だけの話であって、実のところ、トヨタ自動車グループは２５０社から成る系列グループで構成されており、その従業員の総計は35万人近くにも上る。それでもアメリカ型垂直統合型組織に比較すれば半分だった。

またこの系列生産は、製造工程のイノベーションに留まらなかった。新製品開発段階で系列部品供給業者の関与を受け入れ、貸与図面ではなく、スペック指示による部品開発を可能とする並行開発手法を確立した。このため、日本の自動車企業の新製品開発のリードタイムが著しく短くなった。１９８０年代のアメリカで人気車種だったフォード・トーラスが新車投入に10年近くを要したのに対して、ホンダ・アコードはその間３回にわたって新型モデルを投入できたのである。高品質、多品種、迅速な新車種投入、これらが日本自動車メーカーの競争力であった。

さらには、こうしたシステム的勝因に加えて、人間的要素も有効に働いた。機械組立工業も資本集約型とはいえ、大型装置産業とは違って、組立作業員たちの主体的な取り組みが入る余地が大きかった。ここに戦後築き上げた日本的な労使協調体制やQCサークル活動が威力を発揮した。トヨタのカンバン生産方式（ジャスト・イン・タイム生産方式）の真髄は、ラインワーカーにラインを止める権限を与えたことだといわれる。それほどこのシステムは現場の自主的な力を引き出す仕組みだった。それが高品質と的確な納期、さらには累積的改善というパワーを与えたのである。この恐るべき人間の改善力に根差した生産システムは、そのまま「kaizen」として世界語にまでなった。

成長を後押ししたメインバンク制度

高度経済成長期の設備投資先行を通じて形成された株式持ち合いやメインバンク制度は前述したような重厚長大の装置産業ばかりでなく、近代化設備投資を持続的に続けなければならない自動車産業やエレクトロニクス産業においても極めて有効であった。特に集積度が上がるにつれて継続的に巨額設備投資を要する半導体事業にとって、この株式持ち合いは半導体専業メーカーに比較して有効であった。よく知られているように、鉄に代わって「産業の米」といわれるようになった半導体産業は、世代が進化するたびに巨額投資を必要とする、まさに装置産業であった。この継続的投資において日本の金融系列・企業集団は、次の3点で驚くほどの競争優位性を持っていたのである。

①メインバンクや企業集団内のグループ企業が相互持ち合いによって安定株主となっていたため、株主に対する短期的リターンを気にせずに継続投資ができた点。ただし、その結果として、日本の半導体製造企業の利益率はけっして高くなかった。

②日本の半導体企業は、半導体だけに特化していない総合エレクトロニクス企業であり、グループ内にも半導体を使用する企業があった。すなわち、総合エレクトロニクス企業は当時ドル箱であった家電や通信事業部門の利益を惜しみなく半導体投資に向けることができただけでなく、自社の家電や通信部門で半導体を自己消費できる垂直統合

型企業だったのである。その結果、1989年の世界半導体シェアトップ10において、NEC（1位）、東芝（2位）、日立製作所（3位）、富士通（5位）、三菱電機（7位）、松下電子（9位）の日本企業6社が、アメリカのモトローラ（4位）、テキサス・インスツルメンツ（6位）、インテル（8位）、ヨーロッパのフィリップス（10位）を尻目に、圧倒的な競争力を誇っていた。

③こうしたエレクトロニクス産業でも、自動車産業と同様に、従業員たちの主体性や創意工夫がQCサークル活動などで活かされた。特に、グループ内部の品質向上運動などが組織化され、栄誉あるデミング賞獲得に向けて激しい競争が促進された。品質と生産性の同時追求が図られたのである。こうした従業員の主体的努力は、自動車やアナログ主体のエレクトロニクス産業において、競争力の源泉となった。アナログ的すり合わせ型構造（インテグラル・アーキテクチャー）では、微妙な創意工夫が品質に多大な影響を与えたからである。

見事な主役交代という新陳代謝が日本を強くした

以上見てきたように、１９９０年までの日本の経済成長は、戦後から１９７０年までの前半期と、１９７０年代後半から１９９０年までの後半期とに大きく二分され、それぞれが優れたモデルによって牽引されていた。

そして、その転換点となったのは１９７０年代のニクソンショックとオイルショックであった。円高と原料高騰によって、繊維を中心とした軽工業と鉄鋼・造船を中心とした設備投資先行型重工業の両者に先導された高度経済成長モデルから、自動車と家電・エレクトロニクスを含む機械組立工業が牽引するリーン・マニュファクチャリング・モデルへと経済牽引の主役は見事に交代した。つまり、劇的な新陳代謝が進んだのである。

新たな主役の代表となったトヨタは１９３７年創業だが、本格的な活動を開始したのは戦後のこと。同様に、ソニー（現ソニーグループ）とホンダ（本田技研工業）の創業は１９４６年。彼らはいずれもいまで言うベンチャー企業であり、旺盛な企業家精神で現状を打破し、構造転換を成し遂げた。

もちろん政府、特に通産省が黒子としてさまざまな政策をタイミングよく打ち出したのは事実だが、基本は民間企業の主体的取り組みが中心であった。自動車産業を活性化させたのは、通産省からの猛反対を押し切って4輪車生産に参入したホンダであり、通産省主導のコンピュータ行政に一石を投じたのも、IBMと真っ向勝負をするために米アムダールとの提携を断行した富士通だった。しかも彼らは通産省の反対などにひるむことなく、多大な先行投資を断行した。

このように、オイルショック後の日本の競争力はけっして偶然ではなく、新しい経営者や企業家によって果敢に勝ち取られた必然的結果であった。

では翻って、1990年以降に日本から発信された企業モデル、あるいは経済成長モデルは存在したのか。また、経済全体を牽引するような主役の交代はあっただろうか――。

残念ながら、新たなモデルは世界からやってきた。

日本を転落させた新たなビジネスモデル

時価総額ランキングの推移が突き付ける現実

　失われた時代に関する論説は数多くあるが、本稿の文脈では「主役の交代が起こっていないこと」に加えて、「世界の新しいモデルに置いていかれていること」が問題であると指摘しておきたい。むしろ、置いていかれたどころか、新しく登場したビジネスモデルは日本がそれまで築いてきた優位性をことごとく破壊するものだったのである。

　１９９７年のアメリカの時価総額トップ企業は、ＧＭやフォード、ゼネラル・エレクトトリック（General Electric; GE）、アイビーエム（ＩＢＭ）、エーティー・アンド・ティー（ＡＴ＆Ｔ）などが上位を占めていた。日本は日本電信電話（ＮＴＴ）やトヨタに加え、東京三菱銀行（現三菱ＵＦＪフィナンシャル・グループ）、住友銀行（現三井住友フィナンシャルグループ）などの銀行勢が多く並んでいた。では、それから24年が経った２０２１年（5月30日現在）ではどうなっているだろうか［図表１－７］。

アメリカは、アップル（Apple）、マイクロソフト（Microsoft）、アマゾン・ドットコム（Amazon.com）、フェイスブック（Facebook）、アルファベット（Alphabet〈グーグルの親会社〉）、台湾セミコンダクター（Taiwan Semiconductor Manufacturing Company）、テスラ（Tesla）、アリババ（Alibaba）など、その多くがＩＴ系の新興企業だ。なかでもＧＡＦＡと呼ばれるグーグル（Google）、アップル、フェイスブック、アマゾンはプラットフォームという新たなビジネスモデルを確立し、圧倒的な競争力を有する。

一方、日本の上位はというと、銀行勢はすっかり姿を消し、トヨタ、ソフトバンクグループ、ソニーグループ、キーエンス、ＮＴＴ、リクルートホールディングス、ファーストト

[図表1-7]日米の時価総額ランキングTOP30(2021年) ＊2021年5月30日現在

	アメリカ			日本		
順位	社名	設立年	時価総額(兆円)	社名	設立年	時価総額(兆円)
1	アップル	1976	228.1	トヨタ自動車	1937	29.8
2	マイクロソフト	1975	206.3	ソフトバンクグループ	1981	14.5
3	アマゾン・ドットコム	1994	178.3	ソニーグループ	1946	13.8
4	フェイスブック	2004	86.4	キーエンス	1974	13.3
5	アルファベット(GOOG：クラスC)	1998	85.6	日本電信電話(NTT)	1985	11.6
6	アルファベット(GOOGL：クラスA)	1998	77.8	リクルートホールディングス	1963	9.6
7	台湾セミコンダクター・マニュファクチャリング	1987	66.8	ファーストリテイリング	1963	9.5
8	テスラ	2003	66.1	任天堂	1889	8.9
9	アリババ・グループ・ホールディング	1999	63.7	KDDI	1984	8.6
10	JPモルガン・チェース・アンド・カンパニー	1799	54.5	三菱UFJフィナンシャル・グループ	2005	8.6
11	ジョンソン&ジョンソン	1886	48.9	信越化学工業	1926	8.0
12	エヌビディア	1993	44.4	東京エレクトロン	1963	7.6
13	ウォルマート	1969	43.8	日本電産	1973	7.6
14	ユナイテッドヘルス・グループ	1977	42.6	中外製薬	1943	7.0
15	ビザ	1958	42.2	ソフトバンク	1981	6.8
16	バークシャー・ハサウェイ(BRK-B)	1839	42.1	ダイキン工業	1924	6.5
17	バンク・オブ・アメリカ	1928	39.8	ホンダ	1948	6.3
18	マスターカード	1966	38.9	デンソー	1949	5.9
19	ホーム・デポ	1978	37.2	武田薬品工業	1781	5.9
20	プロクター・アンド・ギャンブル	1837	36.2	オリエンタルランド	1960	5.9
21	ウォルト・ディズニー	1923	35.6	村田製作所	1944	5.6
22	ペイパル・ホールディングス	1998	33.5	日立製作所	1910	5.6
23	ASMLホールディング	1984	30.7	三井住友フィナンシャルグループ	2002	5.5
24	バークシャー・ハサウェイ(BRK-A)	1839	30.5	HOYA	1941	5.4
25	コムキャスト	1963	28.8	ファナック	1972	5.4
26	ロイヤル・ダッチ・シェル	1907	27.7	伊藤忠商事	1949	5.3
27	エクソン・モービル	1999	27.1	エムスリー	2000	5.0
28	アドビ	1982	26.5	第一三共	2005	4.9
29	コカ・コーラ	1892	26.2	三菱商事	1950	4.5
30	ベライゾン・コミュニケーションズ	1983	25.7	SMC	1959	4.5

出所：YAHOO!ファイナンス

リテイリング、任天堂などが名を連ねている。メーカーが大半を占めているが、世界のプラットフォームを取れるような新興企業が見当たらない。もちろんソフトバンク、ファーストリテイリングなどが健闘しているのはけっして悪いことではないが、かつてオイルショック後に劇的な産業の新陳代謝を果たした歴史と比べると、現在の日本ではグローバルに活躍できる主役の交代が進んでいない。現に、日本の上位5社の時価総額は、アメリカのそれのわずか10分の1にも満たないのである。

また、時価総額ランキングを上位だけでなくもう少し下に見ていくと、かつて日本経済を牽引した半導体・エレクトロニクス企業（NEC、富士通、東芝、日立、三菱電機など）が大きく順位を下げていることがわかる。このエレクトロニクス産業の没落については以下で詳しく述べるが、GAFAなどの新興企業が生み出した新たなビジネスモデルに破壊されたと言っても過言ではない。

新たなモデルに破壊された日本のエレキ産業

日本企業が高度経済成長期とジャパン・アズ・ナンバーワンの時代を席巻した背景には、

のちにさまざまな総称で呼ばれた明確な「モデル」が存在したことは、先に述べた通りである。しかし１９９０年代以降、日本からの発信は止まった。

一方で、世界にはまさに時代を牽引する強力なモデルが出現していた。まず世界を席巻したのが、デル（Dell）の「ダイレクトモデル」や、マイクロソフトのウィンドウズとインテル（Intel）のＣＰＵが主導した「ウィンテルモデル」である。これらのモデルが明らかにしたのは、デジタル機器における互換可能なモジュラー構造と、ＣＰＵとソフトウェア主導の威力である。

デルのダイレクトモデル：垂直統合から水平分業へ

デルのダイレクトモデルは、ＰＣ生産においては汎用部品を内製する必要はないことを明らかにした。主要デジタル部品群はモジュールで構成されているのだから、接合面（インターフェース）さえ統一しておけば、最も安くつくれるところから部品を購入して組み立てたほうがよい。すなわち、すべてを内製化してゆく「垂直統合型モデル」から、世界中の部品企業と取引する「水平分業モデル」への転換が起こったのである。これは日本の総合エレクトロニクス企業の優位性に3つの致命的打撃を与えた。

1つ目は、「グローバル展開による圧倒的購買力」である。日本メーカーはPC以外にも家電などのエレクトロニクス製品製造を総合的に行っていたため、自社生産する半導体を、自社のPCばかりでなく、ほかの家電にも使用できた。そのため、市況に大きく左右される半導体専業メーカーよりも優位であるとされていた。しかし、低価格を武器に一挙にグローバル展開を始めたデルの購買力は、総合電機メーカーよりも、少品種・大量生産を可能とする専業メーカーに優位性を与えた。日本企業のグループ内購買力ではとても太刀打ちできなかったのである。

2つ目は、「デジタル技術によるモジュラー化」である。これは家電製品にも拡大し、すり合わせ（インテグラル）型技術でつくり込むことによって優位性を保っていた日本メーカー各社に大打撃を与えた。デジタルのモジュール構造はつくり込まなくても均質的な性能を安価に出すことを可能としたため、初めからグローバル市場を狙っていった韓国企業、人件費が安く巨大な内需を抱えていた中国企業が急速に競争力をつけたのである。

３つ目は、「投資能力の喪失」である。１９９０年代の半導体集積度の高度化は、微細加工技術の前提となる超精密クリーンルームへの設備投資額を増大させ、半導体製造の１ラインに対して数千億円規模の投資が必要になった。日本の総合メーカーはこうした大型投資をメインバンクからの長期借り入れによって実現し、財務状況の悪化による株価低迷や買収の危険性を株式持ち合いによる安定株主工作で回避する、というのが１つの方程式であった。

ところが、１９９６年から進められた日本政府による金融ビッグバンによって、この方程式が破壊された。政府は金融効率を上げるために、投資効率を下げていたとされる企業グループ内の系列融資や株式持ち合いの解体を進めた。こうして、垂直統合型・多角的総合型企業であった日本のエレクトロニクス産業の長期投資能力は完全に奪われ、一挙に競争力を失ったのである。さらに、こうした新規投資や新産業創出に必要なベンチャーキャピタルの質的・量的育成にも後れを取ったのである。

このように、デルが始めた水平分業のビジネスモデルは、日本企業の競争優位を破壊する形で進化したといえるだろう。

ウィンテルモデル：ハードからソフトへ

一方で、マイクロソフトとインテルは、ハード主導のPC産業を一変させた。彼らは、PC本体は誰が製造しようと、その性能を握るのはハードウェアを操作するOSとプログラムを動かすCPUである、という新たな世界を提示した。ウィンドウズ＋インテルから、「ウィンテルモデル」と呼ばれる。

インテルは高度な技術を駆使してCPU生産に特化し、PCメーカーを問わずにその搭載を推進した。また、このCPUにバンドルされたウィンドウズOSも多くのPCに搭載された。

したがって、ウィンテル上で動くソフトウェアを提供すれば、より多くのPCに採用されることになる。よって、より多くのソフトウェア企業がウィンテルのためにソフトを開発した。そうなると、消費者はより多くソフトウェアが利用できるウィンテルPCを求めるという好循環、いわゆる「ネットワーク外部性」が強固に働くモデルとなったのである。

このウィンテル大躍進の裏で、垂直統合型のPCハードウェアメーカーの凋落が同時進行した。NEC、富士通、東芝、日立、ソニー、パナソニック、シャープなどの日本メーカーはその存在感を大きく落とした。水平分業によって価格競争力をつけ、世界調達を敢行したデル、ヒューレット・パッカード（ＨＰ）、レノボ（Lenovo）などの前では、日本各社はその他大勢の弱小ＰＣメーカーに成り下がったのである。実は独自ＯＳにこだわるアップルも同じ運命をたどるかに見えた。しかし、のちに見るように彼らはまったく違うビジネスモデルを構築し、生き残った。

シリコンバレー発のネット&スマホ革命

時を同じくして進行したインターネットは、さらにハードウェアの凋落を加速させた。そして現れたのが、インターネットをベースとした新しい企業群だった。

ネット上の情報をサーチするグーグル、ｅコマースを主導したアマゾン、そしてソーシャルネットワークサービス（ＳＮＳ）を確立したフェイスブックなど、のちにＧＡＦＡと総称されるようになるスタートアップたちだった。

さらに、ソフトウェア提供者も、ネット上でソフトを提供するクラウドサービスに移行した。そのため、クラウド上の利便性・安全性を提供する企業の躍進も伴った。

この段階で、こうした新たなインターネット関連企業を次々と生み出す「大学、ベンチャーキャピタル、ＩＰＯ（新規株式公開）、知識集積」などのエコシステムが注目されるようになり、その聖地であったアメリカ西海岸のシリコンバレーが巨大産業創出地・知識集積地として脚光を浴びた。いわゆる「シリコンバレーモデル」である。アメリカの一地域で新しい企業が簇生しているのは偶然ではなく、見事なエコシステムの上に開花したものだという認識が広がったのである。

さらに衝撃的だったのは２００７年に登場したアップルのｉＰｈｏｎｅである。ｉモードなどガラケー文化に慣れていた我々日本人にとってｉＰｈｏｎｅは、当初それほど目新しい機能はなく、重くて不便に感じたものだった。

しかし、我々が見落としたその本質は携帯という範疇を超えた、まさに破壊的イノベーションだったのである。のちにスマートフォン（スマホ）と呼ばれるようになった新しい携帯は、むしろ小さなコンピュータであった。ｉＰｈｏｎｅがコンピュータであるならば、ＰＣと同じくその主役はソフトウェア、すなわちアプリケーションであった。アップルはその進化の過程で、アプリケーションを載せるプラットフォームを広く公開するようになり、「アプリ経済圏」と呼ばれる新しいビジネスが生まれたのである。

グーグルも、この潜在性を見逃さなかった。アンドロイドOSを即座に開発し、何と無償提供したのだ。たとえOSを無償提供しても、搭載企業が増えて、さらにそのためのアプリケーション開発が増えれば、ネットワーク外部性が加速化され、さらなるビッグデータの集積につながることを見越していたのである。

世界の覇権を争うプラットフォーマーたち

ネットワーク外部性に裏打ちされたプラットフォームや、製品やサービスを無料で提供するフリーミアムサービスが世界規模で拡大すると、ネットワーク加入者は加速度的に増大し続けた。

さらには、そこに集積したビッグデータを瞬時に解析するＡＩ技術が登場した。高度なマーケティングにより、さらなる顧客体験（Customer Experience：ＣＸ）サービスの提供や、フィンテックなどの新たな金融サービスなども生まれ、仮想通貨・共通通貨の域内利用が実体経済を上回ることが現実のものとなった。

［図表1-8］圧倒的な時価総額を誇るプラットフォーマー ＊2021年5月30日現在

GAFA+BATH		
社名	設立年	時価総額（兆円）
アップル	1976	228.1
アマゾン・ドットコム	1994	178.3
フェイスブック	2004	86.4
アルファベット（GOOG：クラスC）	1998	85.6
アルファベット（GOOGL：クラスA）	1998	77.8
バイドゥ	2000	7.6
アリババ	1999	62.4
テンセント	1998	81.7
ファーウェイ	1987	非上場
7社合計（ファーウェイ含まず）		807.9

日本トップ10		
社名	設立年	時価総額（兆円）
トヨタ自動車	1937	29.8
ソフトバンクグループ	1981	14.5
ソニーグループ	1946	13.8
キーエンス	1974	13.3
日本電信電話（NTT）	1985	11.6
リクルートホールディングス	1963	9.6
ファーストリテイリング	1963	9.5
任天堂	1889	8.9
KDDI	1984	8.6
三菱UFJフィナンシャル・グループ	2005	8.6
	10社合計	128.2

出所：YAHOO!ファイナンス、Googleファイナンス

こうしたネットワークの外部性こそが、プラットフォーマー成長の方程式であり、ここに参入することで頭角を現したのが、巨大な国内市場を背景に成長した中国企業のバイドゥ（Baidu）、アリババ（Alibaba）、テンセント（Tencent）である。この3社に通信機器メーカーであるファーウェイ（Huawei）を加えた4社はBATHと呼ばれ、GAFAに続くプラットフォーマーとして、世界の覇権をめぐる米中メガテック戦争の様相を呈している。

ちなみに［図表1－8］は、日本の上位10社（2021年5月30日現在）の合計と、GAFA、BATHの時価総額を比較した

ものである。圧倒的な開きがあることがおわかりいただけるだろう。

また近年では、このプラットフォーマーたちの力を使って、企業がビジネスモデルや生産性を劇的に変革するという「デジタル・トランスフォーメーション」（ＤＸ）が時代のキーワードになっている。残念ながら、こうしたバズワードを生み出す新たなビジネスモデルに日本企業はほとんど参画できていない。

ゲームのルールを変えるための新たな視点

前述した通り、１９５０年代から１９９０年までの日本では、劇的な主役交代によって生まれた新しい企業や新しい経営者が、それぞれのビジネスモデルを磨き上げて世界最強の経済力と競争力を叩き出していた。しかし、残念ながら１９９０年代以降は、世界で次々に現れた新しいビジネスモデル（水平分業、ネットワーク外部性、ソフト主導型経済、インターネットビジネス、シリコンバレーモデル、スマホ上のアプリ経済、フリーミアム戦略、プラットフォームモデルなど）にすっかり置いていかれているのである。

ただし、冒頭に述べたように「ないものを嘆いても仕方ない」。要はこうしたメガプラットフォーマーを独自につくり上げるか、現存のプラットフォーム上で利益を上げる構造を探し出すことなのである。

たとえば、日本で最も広範に普及しているＳｕｉｃａやＰＡＳＭＯといった交通系カードには想像以上のデータが蓄積されている。プライバシーや個人情報保護の観点から当事者はここに手をつけることを初めから諦めているが、どうしたらこれを利用できるかという第三者の視点が必要なのである。

また、Ｂ２Ｃのプラットフォームにいまから参画するのは至難の業だが、企業グループや生産系列グループ内のビッグデータをＡＩで解析するＢ２Ｂ分野やＩｏＴ（インターネット・オブ・シングズ）では日本企業の優位性を十分に活かせる。さらに、スマートホームやスマートシティのプラットフォームの可能性も大きい。

ただし、ここにはパラダイムチェンジを生み出すような視点展開が必要である。この新たな視点をどうやって日本に導入するのか、これが本書のテーマである。この点についてはのちに詳しく見ていこう。

歴史的大変化の前で日本企業の多くはこれまでのやり方を基本的に踏襲し続けている。なぜかつての栄光から抜け出せないでいるのか。なぜゲームのルールがすっかり変わってしまったことに気づかないのか。たとえ気づいていたとしても、なぜすぐに動けないのか。例えて言うならば、野球で勝ち続けたチームが、サッカーで負け続けているようなものである。

30年にわたって学習棄却（unlearning：いったん学習したことを意識的に忘れ、学び直すこと）が起こらないのはなぜなのか――。そこには、「組織多様性の欠如」が大きく影響していることが明らかになりつつある。

多様性欠如と集団浅慮という弱点

多様性と業績の相関関係

経営において、組織成員の多様性が経営成果にどのような影響を与えているのかについて実験を行うのは難しい。現在進行形の変数を変えるとなると、業績悪化などを招く可能性もあるからである。

したがって多様性と経済成果に関する因果関係には、ほかの研究分野の成果を援用することとなる。たとえばデイビッド・ロックとハイディ・グラントは、『ハーバード・ビジネス・レビュー』に寄稿した共著論文“Why Diverse Teams Are Smarter”(HBR, 2016)の中で、アメリカ366公営企業における人種的多様性の高い上位25%企業は、同業平均より35%高い業績を達成していること。また、性別多様性の高い上位25%は、同業平均よりも15％高い業績を上げていることを明らかにした（McKinsey Report, 2015）。
また、クレディ・スイスの世界２４００社のサーベイから、「取締役会に一人でも女性役員のいる企業」は業界平均より高いＲＯＥ（自己資本利益率）と純利益成長率を上げていることを紹介し、なぜ多様性のあるチームのほうが優れているのかについて興味ある分析を行っている。

チームの多様性がもたらすメリット

彼らは行動心理学の実験結果を用いて、因果関係の推論をしている。模擬裁判や株価予想実験を通じて多様性と成果の関係に迫っているのである。そこでの発見は、日本の失われた30年に対して深い洞察と反省を与えるものである。

まず、彼らはアメリカで２００人の被験者に行った模擬裁判の結果を検討している。実験に参加した２００人は、模擬陪審員として、過去の裁判ビデオをベースに判決を下すという実験である。陪審員団は６人編成で約30チームに分けられ、その30チームは大きく２つに分類された。１つは全員白人のチーム、もう１つは白人４人・黒人２人の人種混成チームである。これで審議を行ったところ、評決はもちろんバラつくのだが、研究者たちが注目したのはそのプロセスである。人種混成チームは「事実に関する誤認がより少なかった」のである。その理由として、人種混成チームの陪審員のほうがより事実に正確に当たろうとしていたためという。

同じく、テキサスとシンガポールで行われた行動心理学実験では、ほぼ同等の金融知識を持つ人々にマーケットシミュレーションから株価を推測する実験をした結果、「人種的に同質的なチーム」より、「人種的に多様性の高いチーム」のほうが、株価の推定で58%多くの正解率を示すことが明らかにされた。ここでも、多様性の高いチームのほうがより継続的に事実を精査し、より客観的になろうと努めたことが示されている。

また、違う社会心理学の実験では、同じ大学の同窓会出身者チーム、異質な出身者の混成チームに陪審員判断をさせて、同様の結果を得ている。すなわち多様性の高いチームのほうが、同質的なチームよりも正解に近い結果を出している。さらに多様性の高いチームのほうがチームメンバーに事実精査を奨励し、共通認識をより注意深く維持しようとする傾向が見られたのである。

科学者たちは、こうした結果に対してシンプルだが重要な観察結果を残している。「多様性の高いチームのほうが、与えられた情報をより注意深く処理している」のだと。

Group Think（集団浅慮）という罠

またロックとグラントは、「さらに多様性の高い企業のほうが、よりイノベーティブな商品開発を行っている」という事実も指摘している。それはなぜかという疑問に対する答えとして浮かび上がってくるのが、「Group Think」という言葉だ。これも社会心理学の言葉だが、同じ集団でずっと考えていると思考が似通ってくることを指す。似てくるばかりか、議論や事実の前提を疑わなくなっていくため思考が浅くなっていく。そのため、日本語では「集団浅慮」と訳される。この集団浅慮では、思考が似か寄って前提を疑わないため、思考は浅くなる。建設的な議論はもちろん、前提の枠外にある創造的な発想が阻害されていくのである。

「集団浅慮」――これこそ、日本に30年の停滞をもたらした真因なのではないだろうか。変えなければならないことは明らかなのに、なぜ「変える」という決断に至らないのか。

同質性組織の最大の欠陥は、「これまでの前提をもとに事実を謙虚に精査しないこと」「与えられた情報を注意深く処理しないこと」にある。これまでの経験則に囚われて目前の事実を精査せずに、そういうものだという思い込みで情報処理を続けることである。

こうした視点から見ると、「日本企業の意思決定者の属性」がこの30年間を通じて、恐ろしいほど同質化していることが見えてくる。

たとえば、上場企業の女性役員比率を一つ取って見ても［図表1－9上段］、日本はわずか10・7％（2020年7月現在：内閣府の男女共同参画局調べ）。これでも、2012年から2020年の8年間で約4倍に増えてこの数字だというから驚きだ。ちなみに世界トップのフランスは45・1％、ドイツは36・3％、イギリスは31・3％、アメリカは28・2％と国によって状況は異なるが、日本が欧米先進国から大きく水をあけられていることは間違いない。

また、世界経済フォーラムが3月8日の国際女性デーに合わせて毎年公表している「ジェンダーギャップ指数2021」においては［図表1－9下段］、日本は156カ国中120位（前回は153カ国中121位）と先進国で最低レベル。アジア諸国の中で見ても、

［図表1-9］日本企業の同質性を物語るジェンダーギャップ

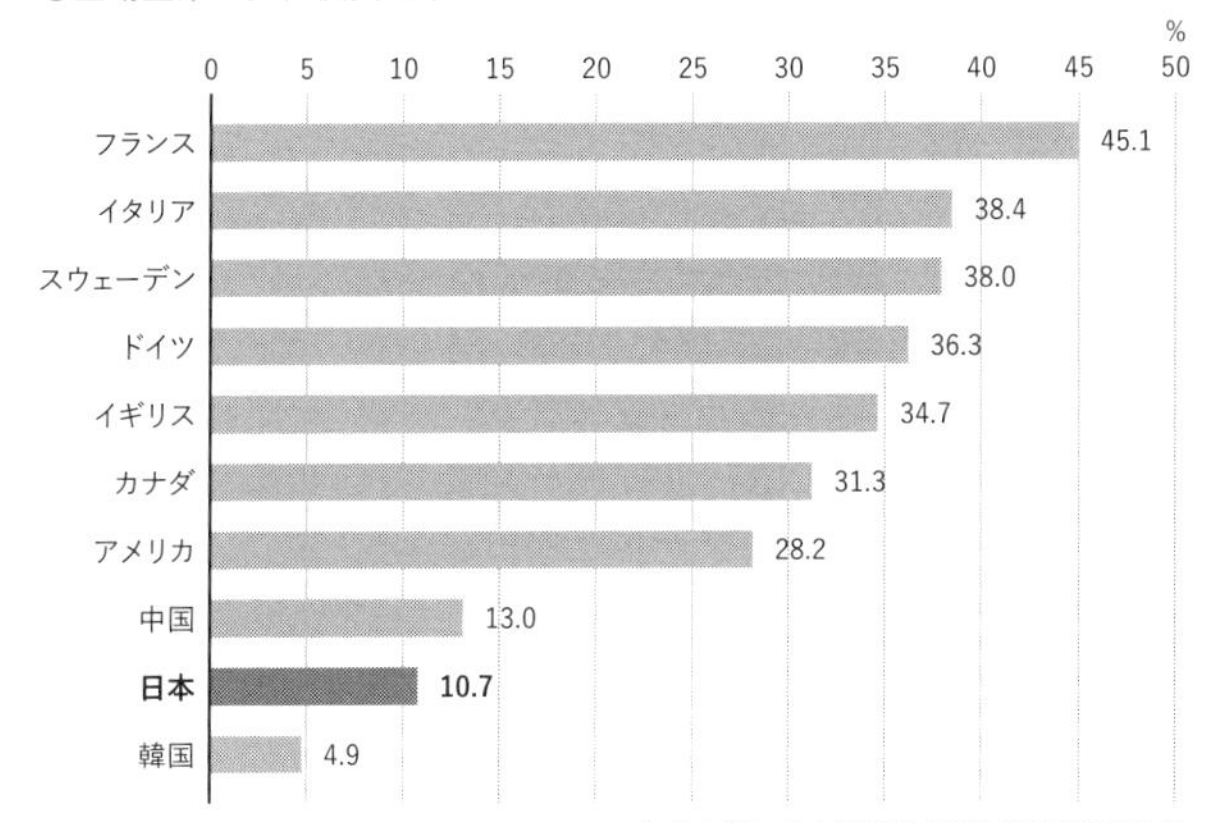

出所：内閣府 男女共同参画局「女性役員情報サイト」

●ジェンダーギャップ指数総合ランキング（抜粋）

順位	国名	2021年	2020年
1	アイスランド	0.892	0.877
2	フィンランド	0.861 (+1)	0.832
3	**ノルウェー**	0.849 (-1)	0.842
4	ニュージーランド	0.840 (+2)	0.799
5	スウェーデン	0.823 (-1)	0.820
11	ドイツ	0.796 (-1)	0.787
16	フランス	0.784 (-1)	0.781
23	イギリス	0.775 (-2)	0.767
24	**カナダ**	0.772 (-5)	0.772
30	アメリカ	0.763 (+23)	0.724
63	イタリア	0.721 (+13)	0.707
79	タイ	0.710 (-4)	0.708
81	ロシア	0.708	0.706
87	ベトナム	0.701	0.700
101	**インドネシア**	0.688 (-16)	0.700
102	韓国	0.687 (+6)	0.672
107	中国	0.682 (-1)	0.676
119	アンゴラ	0.657 (-1)	0.660
120	日本	0.656 (+1)	0.652
121	シエラレオネ	0.655 (-10)	0.668

※()内の数字は前年からの順位変動を表す。

●日本のスコア内訳

分野	2021年	2020年
経済	0.604	0.598
政治	0.061	0.049
教育	0.983	0.983
健康	0.973	0.979

出所：内閣府 男女共同参画局「共同参画」2021年5月号

韓国（102位）や中国（107位）、ASEAN諸国（タイ79位、ベトナム87位、インドネシア101位）より低い結果となっている。ちなみに、このジェンダーギャップ指数は「経済」「政治」「教育」「健康」の4分野のデータをもとに作成されているが、日本はこのうち「経済」「政治」のスコアが極めて低いことが指摘されている。

ジェンダーでこの状況なのだから、外国人ともなれば推して知るべし。日本企業では、取締役会、役員、管理職、新入社員に至るまで、あらゆるところに「同質性」が蔓延している。ただし、ここでいう同質性とは、単に男性中心という意味だけではない。受けてきた教育、就活を含む就職プロセス、入社後の人材育成パターン、そして昇進パターンのすべてが同質的であることを意味する。

さらに言えば、男1人が「セブンイレブン・ライフ」（朝7時に家を出て夜11時に帰ってくる）で企業社会と経済を回すというこれまでの日本の社会構造自体が、30年にわたる「思考の慣性」を生み出しているのである。

日本に残されたチョイス

歴史から学ぶトランスフォーメーションの条件

本章の冒頭で紹介したフランスの哲学者・アランの「悲観主義は気分に属し、楽観主義は意志に属する」という言葉に準じ、楽観的になるために必要な冷静な現状認識として、戦後日本の経営発展の歴史をこれまで概観してきた。その結果、いくつかのことが見えてくる。

まず、日本経済は1990年以降ほとんど成長していないこと、生産性が極めて低くなっていることなど、マクロの指標はある意味絶望的な状況であることだった。また、こうした低成長および競争力低下に関しては、技術力やイノベーション力は健在だが、日本の政治・経済・企業システムが決定的に劣化していることも明らかだった。その一方で、戦後日本が築いてきた平和主義やビジネス上の勤勉さや誠実さなどは、世界から高い信頼を得ていることも理解された。

次に、1990年までの日本企業の大躍進には明らかな「モデル」が存在し、それをベースに競争力を築いてきたことである。しかも、高度経済成長期の投資先行型モデルとオイルショック後の系列モデルでは、重化学工業から機械組立工業へと主役の座も変わっていった。

しかし、1990年以降に世界を席巻したのは主としてアメリカ企業であり、彼らは明確にその時代を象徴するようなモデルを世界に提示していた。PCではデルモデルとウィンテルモデルが世界を席巻した。インターネットでは検索エンジン、ポータルサイト、eコマース、クラウドサービスなどのモデルが続出したが、最終的には、GAFA（グーグル、アマゾン、フェイスブック、アップル）、＋M（マイクロソフト）に集約され、追随する中国系新興企業BATH（バイドゥ、アリババ、テンセント、ファーウェイ）などとともに「プラットフォーマー・モデル」と呼ばれるようになった。

しかも、こうしたモデルを担う新しい企業の多くはシリコンバレーを中心とした新しい産業集積地から登場していた。このスタートアップ・エコシステムによる新産業創出も「シリコンバレーモデル」として世界の耳目を集めたのである。

問題なのは、この一連の新しいモデルを世界的に牽引する、あるいは集団に属するような日本企業が現れなかったことである。

こうした現実を踏まえて、日本に残されたチョイスあるいはやらなければならないことは何か。私見をベースに大胆に書き込めば、次の３つである。

①人口に膾炙するような新しい「ビジネスモデル」の構築。

（結局、一言で言い表されるモデルでなければならない）

②そのために、日本企業の持つ強靭性を洗い出し、新しく組み合わせること。

すなわちイノベーションの創出。

③意思決定者の多様性向上。

ただし、こう書いてもどこから手をつけていいかわからない。さらに、こうした課題を一つひとつ単体で解いていく時間はないので、いくつかの課題を同時解決する連立方程式を構想しなければならない。

世界トップベンチャーと築く最強のパートナーシップ

複雑な方程式を解く時に、すべての式に手をつけるのは得策ではない。最も関連性が広く、同時解決できるような式を探し出すことが有効である。そこで我々が本書で提示したいのが、シリコンバレーベースのベンチャーキャピタルとタッグを組んだ「CVC4・0」(Corporate Venture Capital 4.0)という手法である。我々は、別名「VCaaS（ヴィーカス）」(VC as a Service) と呼んでいる。

その具体論は第4章で共著者のアニスが述べていくが、このCVC4・0とは、蓄積された経営資源（ヒト・モノ・カネ・情報）のうち、カネ（資金力）だけを利用して企業成長を図る従来型のCVCではない。カネに加えてヒト、モノ、情報もフル活用し、社内外資源や事業のシナジーを最大化するフルリソース・プラットフォーム型のCVCである。

投資先であるスタートアップやベンチャーの育成、拡大だけでなく、自社の活性化や新たな価値創出を同時に達成することをゴールとしている。

しかもその投資先は、日本だけに留まらない。むしろ、イノベーションの聖地・シリコンバレーで激しい競争を勝ち抜いてきた精鋭たちがターゲットだ。世界のトップベンチャーと「最強のパートナーシップ」を構築するチャンスが得られるのである。

なぜオープンイノベーションが必要なのか

我々がＣＶＣ４・０、別名「ＶＣａａＳ」と呼ぶこのモデルは、先に挙げた「３つのチョイス」に対しても有効である。ここからは、その理由を考えてみたい。

まず従来型のＣＶＣとは大きく違い、グローバル・フルリソース・プラットフォーム型ＣＶＣという特徴がある。経営資源をフル活用して、世界トップベンチャーと最強のパートナーシップ構築を目指す新たな試みは、大きな注目に値する。世界の大企業がこぞって採用するパートナーシップモデルになる可能性を秘めている。

次に、強靭性の新しい組み合わせの可能性である。自社の活性化や新たな価値創出を達成するためには、ＣＶＣという方法論ばかり見ていても意味がない。そこには必ず、「オープンイノベーション」を視野に入れておく必要がある。そうでなければ、事業会社であるにもかかわらず、ただの投資会社になってしまうからだ。スタートアップに投資して金銭的リターンを得ることよりも、自社事業とのシナジーを生み出すことのほうがむしろ重要である。その意味で投資する大企業は、他社との協業によるオープンイノベーションを、ＣＶＣとセットで考えなければならないのである。

この考え方は、共著者であるアニスが率いるペガサス・テック・ベンチャーズのコンセプトでもある。その具体論や事例については次章以降に譲るが、ここではオープンイノベーションの意義について述べたい。

まずオープンイノベーションで大事なのは、とにかくスピードだ。顧客により安く、より良い商品・サービスを、「より速く」届けるためには、スピードが不可欠であり、その結果、次の３つがメリットとして生まれる。

①新商品導入の速やかな投入によって、大きな初期マージンを獲得し続けられる（利ざやの増大）。

②スピードを上げるということは、開発期間を短縮できるということであり、大幅な開発コスト削減が実現される（コストの削減）。

③早い参入は、それだけ高い参入障壁を築ける（参入障壁の構築）。

ＧＡＦＡの一角を占めるアップルであっても、次から次へと新製品を出す中で、初めの1年間くらいしか大きな利ざやは取れない。そうすると、開発期間を短くして新製品を出すことが非常に大事になってくる。さらに、ノロノロ開発を進めていると、他社の参入を許してしまう。よって必要になってくるのが、管理工数をできるだけ短くすることと、自社開発を絞りオープンイノベーションを採用することだ。他社が1年かけてやることを、どう半年でやるか、それくらいのスピードが必要なのだ。

テレビやＰＣなど、かつて日本が得意とした家電製品が世界で競争力を失っていったのも、こうした開発スピードの遅さと自前主義が大きな要因であった。時間をかけて開発することでコストがかさみ、そのコストは売価へと転化される。また、同質的意思決定の結果生まれる、消費者ニーズを無視したハイスペックも売価を押し上げる要因となる。

しかし、時間というコストこそ、けっして忘れてはいけないファクターだ。自前でコモディティ部品の開発に時間をかけるならば、デザイン性や操作性に時間を使うべきだった。

また、事業分野の既成概念に縛られた定義や国の過剰規制もスピードを阻害している。

余談ではあるが、新型コロナウイルスのワクチン開発で日本が大きく後れを取ってしまったのも、開発スピードを妨げる幾多の過剰規制やデータ蓄積重要性の看過がその一因ではないか。


いずれにせよ、どの業界においても、いち早く参入ができれば開発コストを削減して高い参入障壁を築くことができ、高い初期マージンを獲得できる。スピードというものはそれだけメリットがあるのにもかかわらず、我々日本人はそれを忘れてしまっていた。品質が良ければすべてを制すると思い込んでいたが、品質よりもスピードのほうが大きな価値を生むという事実が明らかになったのだ。

しかも、こうしたアウトソースやスピードは、次世代経営の中心であるＳＤＧｓ経営にとって有効である。単なる大量生産、大量消費から、３Ｒ（リデュース、リサイクル、リユース）をすべて内製するには時間がない。シリコンバレーや世界のエコベンチャーの力を借りるのが手っ取り早いに決まっている。

その意味でCVC4・0は、投資先の新しいアイデアを用いて、日本企業あるいは所属グループに蓄積された経営資源と事業シナジーを最大化するオープンイノベーション型モデルなのである。

最後に、多様性を高めることである。ここに提唱するモデルはシリコンバレーを中心とした海外企業との協業である。日本企業の経営幹部に女性や外国人経営人材を大量採用していくには時間がかかるため、経営の意思決定に多様性を早急に導入することは難しい。これに対して、ここで提唱されるフルリソース・プラットフォーム型CVCは、言わば経営の意思決定にもオープンイノベーションの考え方を持ち込むことにほかならない。すなわち日本企業と海外のVC、そして投資先経営陣を意思決定プロセスに巻き込むことによって、思考の多様性（diversity thinking）がもたらされるのである。

未来を切り拓く「選ばれる力」

では、我々がスピードを上げ、新たな視点を獲得するために必要なことは何か。それは、新しくかつ異質な「ナレッジコミュニティ」への参入・創出である。つまり、現存する経営資源に新たな視点と新たな組み合わせをもたらすようなナレッジコミュニティに参入する、あるいはみずから創出することで、新製品・サービス投入のスピードを加速化するのである。

ただし、新たなナレッジコミュニティへの参入・創出はやさしいことではない。なぜなら、オープンイノベーションという文脈においては、「選ばれる企業」であることが何より重要だからである。日本の大企業の多くは、オープンイノベーションというと、ついスタートアップなどの提携先を「選ぶ立場」として考えてしまいがちだが、むしろスタートアップたちから選ばれる企業であるか、つまり「選ばれる力」が問われてくるのである。

ただし選ばれる力というのは、その大前提として、こちら側が競争優位にあるものを持っていないと意味を成さない。そこで、これまで日本企業が蓄積してきた優位性が物を言うのである。精緻な品質管理力、少量・多品種生産能力、改善に次ぐ改善を可能とするオペレーショナル・エクセレンス、さらにはメイド・イン・ジャパンに裏付けられたブランド力などである。

その意味で、日本はゼロからの出発ではない。たくさんの優れたものを抱えた技術大国なのだ。もちろん、目の玉が飛び出るような大金を用意して人材獲得することは難しい。だが、金で来る奴は、結局は金で引き抜かれていくので、放っておけばよい。しかし、国宝のようなエンジニアや職人と輝くような仕事をしたい世界の若者はいる。日本の安心安全や食の美味しさ、そして何よりも親切で誠実なビジネスが大好きなグローバル人材もいる。足りないのは一つ、「ダイナミズム」だ。彼らを受け入れて経営の中枢に加え、生き生きと未来社会をつくろうという、ダイナミックな意志なのだ。

最後に、次の言葉を紹介したい。アフリカの有名な諺(ことわざ)だ。

If you want to go fast, go alone.（早く行きたいなら、一人で行きなさい）
If you want to go far, go together.（遠くまで行きたいなら、みんなで行きなさい）

日本はここまで、廃墟の中から自力で結構うまくやってきた。資源小国でありながら重化学工業において設備投資先行型高度経済成長を実現し、大成長を遂げた。石油ショック後には、家電、エレクトロニクス、自動車産業において少量多品種生産を実現する系列生産システムを構築し、それまで以上の競争力を築いたのである。

しかし、世界はハード中心の世界からソフトウェアとインターネットを中心とするプラットフォームの時代になった。残念ながら、日本企業にとって、ソフトウェアやグローバルなネットワーク構築は得意分野ではない。だからと言って、精緻なハードウェアが必要でなくなることはない。さらなる先の未来に進むには、「ゴー・トゥギャザー」でいかないと切り拓けない。その最強のパートナーを探す旅が、これから始まるのである。

第2章

シリコンバレーのダイナミズムに学ぶ

アニス・ウッザマン 著

シリコンバレーの真実

唯一無二のイノベーション都市

前章までは、長年日本の経営史を研究してきた米倉教授の視点で、日本企業が力強く再生するための方程式を探ってきました。そして、その答えとして本書で提示するのが、「CVC＋オープンイノベーション」というコンセプトです。

そして、このCVC＋オープンイノベーションという具体策を深掘りしていくうえで、絶対に押さえておかなければならないのが、イノベーションの聖地といわれるシリコンバレーです。

そこで本章からは、日本とシリコンバレーの産業界の両方に精通する私から、シリコンバレーが持つスタートアップを生み出すための生態系、つまりスタートアップ・エコシステムの本当の実力をお伝えしつつ、そのダイナミズムをテコに日本企業がどうやって成長すべきかをご紹介したいと思います。

「またシリコンバレーの話？」

そう思われた方もいるかもしれません。たしかに、スタートアップについて語られる時、シリコンバレーの地名は必ずといっていいほど登場します。あまりにも頻繁に耳にするので、いまさらと感じる方もいるでしょう。

でもはっきりと言えるのは、この原稿を書いている２０２１年の時点において、地球上で最も有力なイノベーションハブは、シリコンバレーのほかに考えられないということです。シリコンバレーに代わる新たな都市を探る動きもありますが、シリコンバレーとそれ以外の都市では、有望なスタートアップを生み出し、大きく育てるうえでの総合力がまるで違います。その根拠や背景についてはこの後詳しく述べていきますが、日本企業、少なくとも変革と成長を望む日本企業は、曇りのない目であらためてシリコンバレーの底力を理解する必要があります。

東京や福岡にはないもの、ニューヨークやテルアビブには足りないものが、シリコンバレーにはすべて揃っています。毎日、何百、何千ものアイデアが生まれて、そのほとんどが泡のようにパチンと弾けて消える中で、奇跡のような確率をくぐり抜けたスタートアップが成功に向けて歩き出し、またその数十万分の一がユニコーン企業（時価総額10億ドル以上の株式未公開企業）にまで成長します。

それは、シリコンバレーでの起業を目指すスタートアップが多いからという理由だけではありません。生み出す環境や育てる仕組みが整っているからこそ、シリコンバレーは特別な存在であり続けるのです。

この環境や仕組み、そしてその土壌となる思考や行動様式こそが、なかなか変わることのできない日本企業の方に、私が知っていただきたいものです。地理的な条件や言葉の問題など越えられない壁があるのも事実でしょう。しかし、イノベーション創生のメカニズムを知り、それをうまく取り入れることができれば、止まっていた時計の針は大きく動き出すに違いありません。

単にスタートアップに資金を入れて経済的リターンを得るだけでなく、彼らとともにイノベーションを実現し、次は自分たちが主体になってさらなるイノベーションを起こす。

こうしたイノベーションの連鎖を生むためには、シリコンバレーの本質を理解していただく必要があるのです。

「シリコンバレーの父」という存在

まず、基本情報をおさらいしておきましょう。

シリコンバレーはカリフォルニア州サンフランシスコの南に広がるＩＴ産業クラスターの通称です。南部にはサンノゼ国際空港があり、数々の有力ベンチャー企業を生み出してきたスタンフォード大学のあるパロアルトは、シリコンバレーのほぼ中心部に位置しています。

地図上だけでなく、歴史上でも、スタンフォード大学はシリコンバレーの中心に存在し続けてきました。大学の創立は１８９１年です。鉄道事業で財を成したカリフォルニア州知事のリーランド・スタンフォードが、早世した息子を偲び、息子の代わりに多くの子どもたちに最高の教育を与えたいと考え、私財を投じたとされます。

スタンフォード大学がいまのようなイノベーションの震源地になるきっかけをつくった

のは、1925年に工学部教授に就任したフレデリック・ターマンでした。スタンフォード大学を卒業してマサチューセッツ工科大学（MIT）で博士号を取得したターマンは、MITですでに活発に行われていた産学連携に刺激を受け、これをスタンフォード大学に持ち帰り、地元産業を活性化して、優秀な学生を地元につなぎ止めようと考えたのです。

ターマンは学生だけでなく教授たちにも起業を勧め、自身を含む教授陣が専門的な知見を活かしてコンサルティングを行うことも奨励しました。こうして起業家精神が大学、そして地域で育まれていきました。

スタンフォード大学における初期の華々しい成功事例が、ターマンの下で学んだウィリアム・ヒューレットとデイビッド・パッカードが、自宅ガレージで起業したヒューレット・パッカード（HP）です。1939年に創業するとすぐに信号発生器や計測器の市場で頭角を現します。

ターマンはその後も学生たちに起業を積極的に勧め、のちにコングロマリットとなるリットン・インダストリーズ（Litton Industries）や、半導体装置大手のヴァリアン・アソシエイツ（Varian Associates）などの誕生のきっかけをつくったとされます。

ヴァリアン・アソシエイツの創始者であるヴァリアン兄弟はターマンの直接の教え子ではありませんが、特許収入の半分を大学に支払うことを条件に、１００ドル分の原材料使用と実験室の無償利用を許可されて研究を進め、１９４８年に会社を立ち上げました。

ヴァリアン・アソシエイツはその後、医療用加湿器などの発明で成功したので、スタンフォード大学は合計で数百万ドルに上るロイヤリティ収入を得たとされます。いまでこそ億万長者の卒業生から多額の寄付が集まるスタンフォード大学も、当時は地方の小さな大学にすぎませんでした。全米トップクラスの大学にすることを夢見たターマンにとって、学生の起業を支援してそこから収益を得るのが、格好の資金調達法に思えたとしても不思議はありません。

さらにターマンは、大学の広大な敷地の一部を工業団地にして賃料収入を得ることを計画、１９５３年にスタンフォード・インダストリアル・パーク（現スタンフォード・リサーチ・パーク）がつくられます。初期の入居企業には前述のヴァリアン・アソシエイツやＨＰのほか、イーストマン・コダック（Eastman Kodak）、ゼネラル・エレクトロニクス、ロッキード（Lockheed）など、そうそうたる名前が並んでいます。

●近年では、北部のサンフランシスコ地域にもツイッターをはじめ、エアビーアンドビー、ウーバー、ドロップボックスなどのスタートアップが多く進出しており、シリコンバレーと呼ばれるエリアは広がりつつある。

［図表2-1］シリコンバレーのエリアマップ

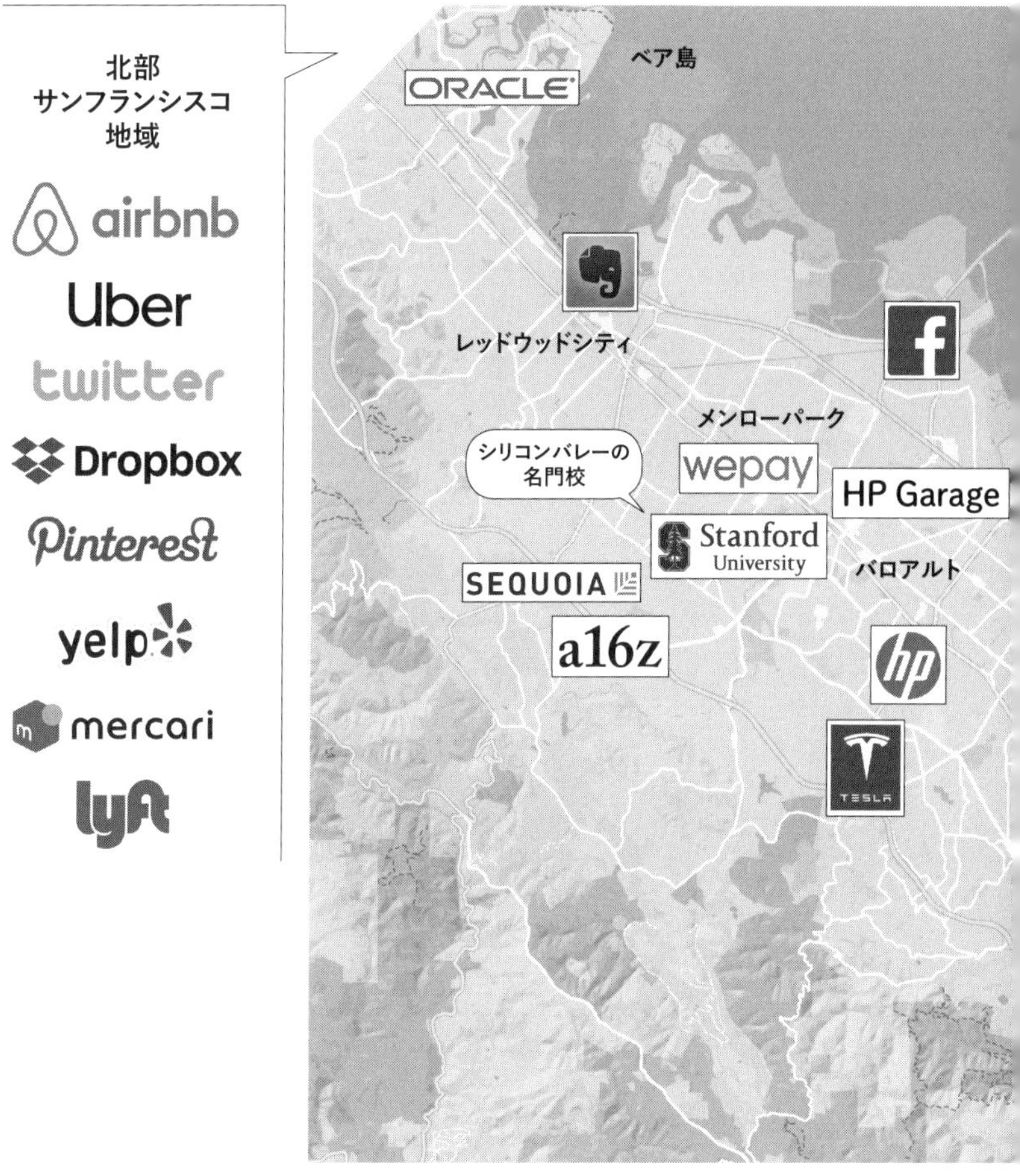

●シリコンバレー（Silicon Valley）は、アメリカ合衆国カリフォルニア州北部のサンフランシスコ・ベイエリアの南部に位置しているサンタクララバレーおよびその周辺地域の総称。
●最大都市サンノゼのほか、パロアルト、メンロパーク、クパチーノ、サンタクララ、マウンテンビュー、サニーベールなどの都市がある。このエリアには、フェイスブック、グーグル、アップル、インテル、ヤフーなど、誰もが知っている超有名企業が存在。

こうしたハードとソフトの両面の施策が、スタンフォード大学を唯一無二のイノベーションハブへと押し上げていきました。1956年にはヴァリアンが、翌1957年にはHPが株式公開を果たしています。

両社をはじめとするスタンフォード大学発のスタートアップの成功を見て、シリコンバレーには全米から起業家と投資家が殺到するようになります。研究開発型企業を集積させたインダストリアル・パークの創設と、投資家を呼び込むきっかけをつくったという2つの功績によって、ターマンはいまでも「シリコンバレーの父」と呼ばれています。

天才技術者が残した遺産

もう1人、シリコンバレーの黎明期を語るうえで欠かせないのが、ウィリアム・ショックレーの存在です。

カリフォルニア工科大学とMITで学んだショックレーは、ベル研究所に入所。トランジスタの開発に成功し、1956年には半導体研究の功績と合わせてノーベル物理学賞を授与されています。

その後、ベル研究所を辞めた彼は、1956年にサンノゼとパロアルトの中間地点に位置するマウンテンビューに、世界初の半導体の開発・製造会社となるショックレー研究所を設立しました。この時初めて、従来のゲルマニウムに代わってシリコンが半導体材料として採用されたため、ショックレーは「シリコンバレーにシリコンを持ち込んだ人物」と呼ばれています。

しかし、そのわずか1年後には内紛により、主要メンバーが研究所から離反してしまいます。原因は事業方針の食い違いとされましたが、ショックレーの個性的な人柄や支配的なリーダーシップも一因になったのではないかといわれています。

ショックレーに「8人の反逆者」と呼ばれた彼らが設立したのが、のちに世界初の半導体集積回路（IC）の量産化に成功するフェアチャイルド・セミコンダクター（Fairchild Semiconductor）です。デジタル集積回路を開発し、従来は少量生産で高コストだった半導体の大量生産を初めて実現します。このフェアチャイルド・セミコンダクターの成功により、シリコンバレーへの注目はさらに高まりました。

8人の反逆者の中には、「ムーアの法則」で知られるゴードン・ムーアや、ムーアとともにのちにインテルを立ち上げたロバート・ノイス、そしてベンチャーキャピタリストとして成功するユージン・クライナーが含まれていました。

この顔ぶれと彼らの足取りを振り返るだけでも、アイデアと技術、それを支える投資家、そして何よりも、リスクを取ってスピンアウトもいとわず、貪欲に成功に突き進む精神が、70年前にはすでにシリコンバレーに揃っていたことがわかります。

クライナーが創設したクライナー・パーキンス（Kleiner Perkins）は、現在では世界でも3本の指に入るベンチャーキャピタルで、グーグルやアマゾンなどにも投資しています。優れた技術者であり、起業とビジネスの経験がある人間が、資金だけでなく、みずからの経験と知識を惜しみなく注ぎ込み、産声を上げたばかりのスタートアップをハンズオンで育てていく。このようなクライナーの歩みは1つのモデルとなり、その後も多くのシリコンバレーで成功した技術者が、彼と同じキャリアを進むこととなりました。

皮肉なことですが、ショックレーのリーダーシップ上の問題が、歴史を変えた可能性は否定できません。彼が技術者としてだけでなく、経営者としても優れていたら、フェアチャイルドのＩＣも、インテルのマイクロプロセッサーも生まれず、私たちの毎日にグーグル

[図表2-2]シリコンバレーの礎を築いた伝説の2人

写真:ウィキペディアより知財フリー

フレデリック・ターマン
Frederick E. Terman(1900～1982)

アメリカ・インディアナ州出身。スタンフォード大学で電気工学を学び、マサチューセッツ工科大学(MIT)で博士号取得。その後、スタンフォード大学の工学部長として教鞭を執り、学生たちに起業を奨励。数々の教え子たちが彼のサポートを得て起業した。その代表例が、のちにヒューレット・パッカードを設立するディビッド・パッカードとウィリアム・ヒューレットである。また、ターマンは大学敷地内に広大なオフィスパーク(現スタンフォード・リサーチ・パーク)を創設。小さな地方大学を産学連携の拠点となる名門校とし、それまで果樹園農村だった彼の地がアントレプレナーシップの聖地と生まれ変わる礎を築いたことから、「シリコンバレーの父」と呼ばれている。

写真:Science Source／アフロ

ウィリアム・ショックレー
William B. Shockley(1910～1989)

イギリス・ロンドン出身。カリフォルニア工科大学で物理学を学び、マサチューセッツ工科大学(MIT)で博士号取得。卒業後はベル研究所に入所して、トランジスタの開発に成功。その功績などにより1956年にノーベル物理学賞を受賞している。ベル研究所を退職後、マウンテンビューに世界初の半導体の開発・製造会社となるショックレー研究所を設立。同研究所によるシリコンが世界で初めて半導体材料として採用された。しかしその後、設立メンバーがショックレーと対立して離反。彼らが新たに設立したフェアチャイルド・セミコンダクターが世界初のIC量産化に成功したことで、一躍世界が注目。このエリア一帯は、シリコン産業の一大集積地へと変貌を遂げた。

やアマゾンのサービスがなかった可能性もあります。そうなれば、シリコンバレーもいまとは違った形になっていたかもしれません。

ソーシャルキャピタルが成長の連鎖を生む

2人の伝説の人物が礎を築いたシリコンバレーには、大勢の技術者、起業を志す者、ベンチャーキャピタリストが世界中から集まるようになります。半導体やトランジスタなどの電子部品に加えて、1970年代以降は、コンピュータや情報通信などの産業が、シリコンバレーの成長を牽引しました。スタートアップに投資して得た利益が、また別のスタートアップや産業に再投資され、新たな成長を生み出すという成長の連鎖がもたらされたのです。

1930年代から現在までの、シリコンバレーにおける技術と産業の移り変わりをまとめたのが、[図表2-3]です。技術革新を繰り返し、常に時代の先頭を走ってきたことがわかっていただけるでしょう。特定の産業が集まって発展し、クラスターを形成する例はよく見られますが、シリコンバレーのように主要産業の新陳代謝を繰り返し、新たな技術開発のプラットフォームを提供し続けているケースは多くはありません。

その背景には、豊かなソーシャルキャピタル（社会的資本）の存在があります。それは、大学、スタートアップ育成のシステム、投資家などの直接的なものに限りません。地域で共有されている自由で挑戦を肯定する文化、人種や国籍ではなく、アイデアや情報に重きを置き、敬意を払う価値観などが、シリコンバレーにはあります。

たとえば、スタンフォード大学の学生のほとんどは、就職することを考えていません。日本の東京大学や京都大学の学生は、将来的には起業を考えていたとしても、まずは国内外の大手企業に就職したり、官僚になろうと考える人が多いのではないでしょうか。そのほうが社会やビジネスについて勉強することができるからです。

これに対してスタンフォード大学の学生は、そのような回り道をするのは時間がもったいないと考えます。悠長なことをしている間に、誰かにチャンスを奪われてしまう。まだはっきりとした事業のアイデアがない学生でさえ、そう考えるのです。

これはスタンフォード大学に限らず、アメリカの多くの学生に共通する姿勢です。同級生や卒業生が次々と会社を立ち上げ、瞬く間に成功しているのを近くで見ているので、自

**1990年代
インターネットと
eコマースの拡大**

●イーベイ（1995年設立）
ピエール・オミダイアが設立／個人、企業を問わず、さまざまなモノを世界中で売買できるeコマースサービスを提供した世界初の企業／インターネットオークションでは世界最多の利用者を持つ。

●グーグル（1996年設立）
ラリー・ペイジとセルゲイ・ブリンが設立／BackRub、PageRankと呼ばれる検索アルゴリズムを開発。／いまでは世界で最も使用されるウェブ検索エンジンとなっている。

●ペイパル（1998年設立）
1998年、ピーター・ティールがマックス・レブチンとともに設立／当初セキュリティソフトウェアを開発していたが、のちにデジタルウォレット事業に切り替える／1999年、イーロン・マスクが設立したXドットコムに買収される。

**2000年代
前半
スマートフォンと
SNSの大躍進**

●アップル（1976年設立）
2001年、デジタルオーディオプレーヤーとしてiPod発売。iTunesという音楽配信プラットフォームとセットで、音楽業界を変革／2007年、iPhoneを発売開始。PC機能を内蔵したスマートフォンという新しい製品を世に送り出した。

●フェイスブック（2004年設立）
マーク・ザッカーバーグとエドゥアルド・サベリンが設立／創業当初は、メンバーシップをハーバード大学生限定でスタート／2006年に一般ユーザーにもサービス開放され、2011年には世界最大のユーザー数を持つSNSに成長。

●ツイッター（2006年設立）
ジャック・ドーシーが設立／140文字以内でユーザーがコメント投稿できるが、同社はSNSではないと主張／「インタレスト・ネットワーキング・サービス」として、いま起きていることを知るニュースメディアに近いと定義している。

**2000年代
後半
〜
2010年代
シェアリング
エコノミーの台頭**

●エアービーアンドビー（2008年設立）
ブライアン・チェスキー、ジョー・ゲッビア、ネイサン・ブレチャルチクが設立／住宅宿泊施設を専門とするピア・トゥ・ピアサービス。

●ウーバー（2009年設立）
ギャレット・キャンプとトラビス・カラニックが、UberCabとして設立／2012年、モバイルアプリを介したライドシェアサービスをスタート／2014年、フードデリバリーサービスのUber Eatsにも乗り出す。

●ドアダッシュ（2013年設立）
スタンフォード大学生だったトニー・シューらが設立／2013年、フードデリバリーサービスをスタート。その後全米最大手に。

**2020年代
AI、IoT、
ビッグデータ時代**

さまざまなジャンルのAIスタートアップ／ベンチャーが群雄割拠。
IoTによる新たなものづくり、サービス開発も激化する中で、
今後どのような企業がリードしていくのかに注目。

[図表2-3]シリコンバレーの技術と産業の変遷

1930～40年代 **トランジスタと大型コンピュータの時代**	**●IBM(1911年設立)** 1950年代に真空管に基づく最初の大型コンピュータを販売開始。 **●ベル研究所(1925年設立)** 1940年代、ウィリアム・ショックレーがトランジスタを共同発明した／トランジスタはのちにコンピュータプロセッサーと呼ばれるように。 **●ヒューレット・パッカード(1939年設立)** ウィリアム・ヒューレットとデイビッド・パッカードによって設立／第2次世界大戦中、レーダーと砲兵技術をつくった／当時のコンピュータは部屋サイズと巨大な装置だった。
1950～60年代 **半導体産業の起こり**	**●ショックレー・セミコンダクター研究所(1955年設立)** ウィリアム・ショックレーがベル研究所を離脱後に設立／同研究所によるシリコンが世界で初めて半導体材料として採用された。 **●フェアチャイルド・セミコンダクター(1957年設立)** ショックレー研究所を去った8人のメンバーがフェアチャイルド家と提携し、半導体製造会社を設立／世界初のIC(半導体集積回路)の量産化に成功／1960年代初頭、アポロ計画のコンピュータ部品も製造。 **●スタンフォード研究所(1946年設立)** 1967年、国防総省のプロジェクトとして、インターネットの前身「ARPANET」の開発に携わる。 **●インテル(1968年設立)** フェアチャイルド・セミコンダクターの一部メンバーが同社を去り、インテルを設立。
1970～80年代 **PCとソフトウェアの登場**	**●ゼロックス(1906年設立)** 1970年にPARCラボを開設。70～80年代にわたってマウスやリムーバブル・データ・ストレージ、グラフィカルユーザーインターフェースを含む初期のコンピューティング技術を発明。 **●アタリ(1972年設立)** ビデオゲームをつくることを主眼に創立された世界初の企業。 **●アップル(1976年設立)** 1976年、スティーブ・ウォズニアックが最初のアップルコンピュータを設計／のちにスティーブ・ジョブズとアップルを共同設立／世界初の5.25インチフロッピーディスクも同年に発明。 **●オラクル(1977年設立)** ラリー・エリソンがボブ・マイナー、エド・オーツとともに、ソフトウェア開発研究所という名前で設立。 **● マイクロソフト(1975年設立)** ビル・ゲイツとポール・アレンが、多国籍コンピュータテクノロジー企業として設立／1980年、IBMとパートナーシップを締結。
1990年代 **インターネットとeコマースの拡大**	**●ヤフー(1994年設立)** ジェリー・ヤンとデイビッド・ファイロが設立／ポータルサイトの先駆けに／2000年代に入ってネットサービス市場の激化により、競争力が低下。2017年にベライゾングループへ事業売却。

分もできる気になるのかもしれません。

もちろん実際には、成功ケースの何千倍、何万倍もの失敗ケースがあるわけですが、それも大して気にならないようです。なぜならば、失敗は絶対に回避しなければならないものではないからです。

日本では一度事業に失敗した経営者が信頼を取り戻し、再び資金を集めて会社を立ち上げるのは簡単ではありませんが、アメリカではむしろ逆です。失敗は学習の機会を得ただけで、次はうまくいかなかった点を改善して、別の方法で取り組めば成功の確率が高まるととらえます。投資家にとっても、ほかの誰かの資金で失敗した経験を、自分が投資するビジネスで活かされるなら言うことはありません。

シリコンバレーには、失敗よりも数ははるかに少ないものの、成功もそこら中に転がっています。立ち上げた会社を大手企業に売却したり、新規株式公開（ＩＰＯ）を果たしてビリオネアになった起業家を街で見かけることも少なくありません。私自身も、彼らとお茶を飲んだり食事をしたりしながら情報交換をして、次の事業や投資先を検討しています。

信頼できる人間に紹介されれば、その日の午後に学生起業家と面談して、数億円規模の投資を即決することもあります。

そのため、シリコンバレーには世界中の起業家とそれを目指す人が集まります。年齢も人種も国籍も経歴もばらばら。まさにメルティングポットです。マーク・ザッカーバーグは、ハーバード大学在学中にフェイスブックを立ち上げましたが、成功しそうだと判断した途端にボストンからシリコンバレーに移って来ました。彼のように起業した後、規模を拡大するためにシリコンバレーを目指す例はたくさんあります。


シリコンバレーにはテクノロジー企業を中心に巨大企業がいくつもあるので、会社員としてやって来る人も大勢います。でも、アップルやツイッター（Twitter）で働くことに喜びを感じていたはずの彼らの中にも、しばらくすると自分で事業を始めたいと考える人が増えてきます。なぜなら、スタンフォード大学の学生と同様、身近な友人や同僚が成功するのを間近に見ているからです。

ドイツのエスエイピー（ＳＡＰ）や韓国のサムスン（Samsung）からシリコンバレーに派遣された後、スピンアウトして成功した人を、私はたくさん知っています。日本企業の出身者も例外ではありません。イノベーションの波を全身で浴びられる街だからこそ、挑戦してみよう、成功するに違いないと思えるのです。

ただし、単にその場所に住んで仕事をしていればイノベーティブになれるわけではないことは、これまで長い間、シリコンバレーに社員を派遣してきた日本企業の方はよくご存じのはずです。残念ながら、目立った成果も出せずに日本に帰るケースが後を絶ちません。

けっして派遣された人たちが不真面目だったり、能力的に劣っているわけではありません。部外者からコミュニティの一員になる術を持っていないだけです。本当の意味でコミュニティの一員になれるか、別の表現をすればインナーサークルに入れるかどうかで、イノベーションの成功率はまるで変わってきます。この点については、次の第3章で詳しく説明します。

ネクストシリコンバレーは本当に存在しないのか

ここまで、シリコンバレーが特別な場所であることを、歴史的背景も含めて説明してきました。ここで1つの疑問が湧くはずです。ほかにも同じような地域があるのではないかというものです。実際、ネクストシリコンバレーはどこかと、私もよく聞かれます。先に結論を言ってしまうと、シリコンバレーに取って代わる都市は、もうしばらく現れそうにありません。

ここに、調査会社のスタートアップ・ジェノマによる、スタートアップを育むエコシステムの都市ランキングがあります［図表2－4］。

投資額、接続性（connectedness）、市場、ナレッジ、人材、そして実際のパフォーマンスなどで、世界の150都市を評価したものです。接続性とは、育ち盛りのスタートアップが必要とする、技術やビジネス面での支援を提供するネットワークのことを指します。

また、「強い領域」は私が加筆したものです。

ちなみに「アーリーへの投資額」のアーリーとは、企業の成長ステージの1つで、一般的には次の5つの成長ステージに分類されます。

①シード（起業前）
②アーリー（起業直後）
③シリーズA（サービスや技術を開発して事業を本格的に開始する）
④シリーズB（事業が軌道に乗って拡大路線に）

[図表2-4]スタートアップ・エコシステムの世界都市ランキング

順位	都市名	地域	強い領域	アーリーへの投資額	エコシステム全体への投資額
1	シリコンバレー	北米	AI、フィンテック、ライフサイエンス	180億ドル	6770億ドル
2	ニューヨーク	北米	AI、サイバーセキュリティ、ライフサイエンス	83億ドル	1470億ドル
〃	ロンドン	欧州	教育テクノロジー、フィンテック	60億ドル	920億ドル
4	北京	アジア	AI、フィンテック	75億ドル	3450億ドル
5	ボストン	北米	建設業、ロボット、ライフサイエンス	39億ドル	960億ドル
6	テルアビブ	中東	AI、サイバーセキュリティ	30億ドル	470億ドル
〃	ロサンゼルス	北米	アドテック、ゲーム	36億ドル	1200億ドル
8	上海	アジア	教育テクノロジー、ゲーム	87億ドル	1380億ドル
9	シアトル	北米	AI、ライフサイエンス	15億ドル	300億ドル
10	ストックホルム	欧州	クリーンテック、ライフサイエンス	9.4億ドル	440億ドル
11	ワシントンDC	北米	サイバーセキュリティ、教育テクノロジー	16億ドル	210億ドル
12	アムステルダム	欧州	農業テクノロジー、食、ライフサイエンス	9.6億ドル	220億ドル
13	パリ	欧州	教育テクノロジー、フィンテック	26億ドル	320億ドル
14	シカゴ	北米	AI、フィンテック	12億ドル	210億ドル
15	東京	アジア	建設業、ロボット、フィンテック	17億ドル	250億ドル
16	ベルリン	欧州	AI、フィンテック	21億ドル	330億ドル
17	シンガポール	アジア	デジタルヘルス、フィンテック	14億ドル	210億ドル
18	トロント	北米	AI、ライフサイエンス	16億ドル	170億ドル
19	オースティン	北米	クリーンテック、サイバーセキュリティ	17億ドル	170億ドル
20	ソウル	アジア	ゲーム、ライフサイエンス	10億ドル	390億ドル

出所：Startup Genome「Global Startup Ecosystem Ranking」(2020)をもとに筆者作成。

⑤シリーズＣ（長期成長を目指す。上場も視野に）

この調査が始まった２０１２年からずっと、１位はシリコンバレーが独占しています。また、見てわかるように投資額でも群を抜いています。

２０２０年の都市ランキングでは、嬉しいことに東京が初めて15位に入りました。評価が高かったのはナレッジや投資額の項目で、逆に低かったのが接続性です。育ち盛りのスタートアップが必要とする、技術やビジネス面での支援を提供するネットワークが、東京には不足していると見なされているのです。

もちろん日本にも非常に優れたスタートアップが、数は多くないものの、存在します。早くシリコンバレーに行ったほうがいいのではないかと思うケースもありますが、さまざまな事情で日本に留まろうとします。もしかしたら、シリコンバレーでは戦えないと思っているのかもしれません。

たしかにシリコンバレーにおける競争のレベルは、特にテクノロジー産業においては、失礼ながら東京とは比べ物にならないほど高いものがあります。生半可なアイデアや技術では、相手にもされないでしょう。でも、恐れる必要はありません。自分の構想やビジネスで世界を変えたいと願うのなら、シリコンバレーに行くべきです。

なぜなら、そこには他のどの都市にもない、イノベーションを実現させて、爆発的に成長させるためのエコシステムがあるからです。このエコシステムの存在こそが、成功を渇望するスタートアップと、その熱狂を取り込むことでもう一度輝きを取り戻したい大企業を、シリコンバレーに引き寄せているのです。

なぜシリコンバレーだけが特別なのか

ここにしかない完全なるエコシステム

なぜ、シリコンバレーは世界一のイノベーション都市であり続けるのか。その理由は、革新的なスタートアップを継続的に生み出し、育て上げるエコシステムにあります。人材、資金、機会、技術基盤、ソーシャルキャピタル、そしてそれらが相互に協調または依存し合うことで構築されるビジネス・エコシステムです。

ニューヨークやロンドン、北京やボストンにエコシステムがないわけではありませんが、何かしら欠けているのが普通です。たとえばロンドンでは、ブロックチェーンや仮想通貨といったフィンテックの分野で、素晴らしいスタートアップがいくつも誕生しています。金融都市としての蓄積と信頼、そして政府の支援を背景に、ヨーロッパの中では最も有力なイノベーションハブに位置付けられています。ただし、出資を募るために事業計画を投資家にアピールするピッチイベントや、シードステージの起業家を支援する組織の数や質は、シリコンバレーには及びません。つまり、優れたアイデアや技術があっても、それを形にしてスケールさせるためのチャンスが、シリコンバレーと比べて少ないのです。

先のランキングで中東から唯一トップ20に入ったイスラエルのテルアビブは、テック都市として知られています。イスラエルは人口900万人に満たない国ですが、国を挙げて科学技術分野における研究開発に力を入れてきた歴史を持ち、近年ではAIやサイバーセキュリティの分野で世界屈指の技術力を誇っています。国民1人当たりのベンチャー投資額も世界トップクラスです。

その一方で、イスラエル発の大企業は限られていて、日本やアメリカのような分厚い技術基盤が活用できるわけではありません。また、優秀な人材が欧米に行ってしまう頭脳流出や、国内市場が小さいために自国では成長が期待できないといった課題もあります。

東京はどうでしょうか。大学や研究機関、そして既存の大企業が誇る高い技術力があり、国もスタートアップ支援に力を入れ始めていますが、そもそも起業しようと考える人が少ないのが現実です。その数少ない起業家を後押しする資金や機会も、いまのところ圧倒的に不足しています。

このように見てくると、それぞれの都市には何か欠けているものがあることがわかります。起業家がいなければ始まらないし、資金はもちろん重要ですが、お金以外の面でもさまざまな支援がなければ、スタートアップは育ちません。シリコンバレーには、その欠けたピースが存在しないのです。

もちろん、スタートアップに出資して新規事業を育成したり、コア事業を強化したい大企業が投資先を探す場合、シリコンバレー以外にも目を向けることは必要です。エンタテインメント産業ならばロサンゼルス、環境関連であればストックホルムといったように、特に強い分野を持つ都市は少なくないからです。それ以外にも、シリコンバレー以外の地で産声を上げたスタートアップが、素晴らしい可能性を秘めていることはけっして珍しいことではありません。

ただ、世界中のあらゆる地域に目を配り、本当に有望なスタートアップをその中から発掘するのは、ベンチャーキャピタルでもない一般の企業にはまず不可能でしょう。ここは、プロフェッショナルのベンチャーキャピタルの知見とネットワークをうまく活用するのが合理的といえます。この点については、第4章でお話しします。

さて、話を戻しましょう。世界で最も完全無欠に近いエコシステムを築いている都市、それがシリコンバレーであることがおわかりいただけたと思います。では、そのエコシステムとは具体的にどのようなものなのか。大きく次の7つの要素に着目して、順に説明していくことにしましょう。

①人材
②産学連携
③インキュベーター&アクセラレーター
④メンター&アドバイザー
⑤ベンチャーキャピタルと投資家

⑥イグジットの機会
⑦失敗を受容する文化

人材――世界中から人が集まるメルティングポット

シリコンバレーのエコシステムの１つ目は、多様性に富んだ極めて優秀な人材です。

シリコンバレーでベンチャーキャピタリストとして活動して、日々強く感じるのは、世界にはすごい人材がまだ大勢いるのだな、ということです。私は、誰もがその名前を知る起業家と日頃から親しくしています。彼らは成功した起業家であると同時に、非常に大きな影響力を持つ投資家でもあるため、彼らとの交流は私にとって欠かせないからです。

アップルの共同創業者スティーブ・ウォズニアック、ネットフリックス（Netflix）の共同創業者マーク・ランドルフ、ズーム（Zoom）の創業者兼ＣＥＯのエリック・ヤン、シリ（Siri）の共同創業者アダム・チェイヤー、リンクトイン（LinkedIn）の共同創業者のリード・ホフマン、ピンタレスト（Pinterest）の共同創業者ベン・シルバーマンなどです。

あらためてこうして挙げてみると、そうそうたる顔ぶれです。しかし、年に何人かは、ある部分においては彼らを上回る逸材に出会うことがあります。

独創的なアイデア、革新的な技術、スケールの大きなビジョン、人を引き込む力、成功への意欲と確信……。起業家に欠かせないこれらの要素のいくつかで、彼らを超える人材に出会うことは、シリコンバレーではけっして珍しいことではないのです。その多くはここで生まれ育ったわけではなく、シリコンバレーが持つ磁力に世界中から引き寄せられて集まってきた人たちです。

ダイバーシティには、性別、国籍、年齢などの目に見える属性に関するデモグラフィー型と、経験、スキル、専門性などのタスク型の2つがあります。このうちスタートアップに特に欠かせないのが、タスク型のダイバーシティです。どれほど優れた技術やアイデアがあっても、それを実際に形にしてマネタイズするためには、さまざまな人の力が必要とされるからです。

2018年以降、私は何人もの起業家から、AI分野の興味深いアイデアを聞かされてきました。しかし、「それでエンジニアは確保できているの?」と聞いてみると、大方の場合、答えは「ノー」でした。ＡＩ市場は最も成長が期待される産業の１つなので、トップ人材は世界中の企業や研究機関から引っ張りだこです。しかも一口にＡＩと言っても、認識、学習、予測、発見、推論など、分野は細分化されるので、事業を実現するために本当に必要な人材を、ピンポイントで獲得するのは至難の業です。しかし、シリコンバレーでなら、最高の人材を獲得することも不可能ではありません。

スタートアップにはさまざまな人材が必要です。インキュベーター＆アクセラレーター会社を経営するスティーブン・ホフマンは、イノベーションには次の４タイプの人材が必要だとしています。

●ハスラー：ビジネスと顧客と市場を深く理解し、ビジョンとプロダクトを世界に売り込むことができる人物。
●ハッカー：最新の技術に精通し、みずからコーディングや検証も行う天才。
●ヒップスター：デザイン思考ができるクリエイティブ面のリーダー。
●ホットショット：高度に専門的な分野で必要となる、博士号取得者などの研究者。

このタイプ分けに沿えば、たいていの場合はハスラーがCEOに、ハッカーがCTOになるケースが多いでしょう。

スティーブ・ジョブズは、ハスラーでありヒップスターでしたが、エンジニアとしてそれほど秀でていたわけではありません。また、スペースX（SpaceX）が有人宇宙船の打ち上げに成功するには、イーロン・マスクの壮大なビジョンだけでは駄目で、トム・ミューラーという天才工学者の存在が欠かせませんでした。

また、アーリーステージでは先に挙げた4タイプで事足りるかもしれませんが、成長するほどに、知的財産やM&Aに強い弁護士、ファイナンスやマーケティングの専門家、システムやHR（Human Resource）のプロなど、さまざまな人材が求められるようになります。

シリコンバレーにはこうした人材も大勢います。自分は天才技術者でもないし、誰も思い付かなかったビジネスを生み出すような創造性はないけれど、刺激あふれるこの地で、ゼロから大きなものをつくり出す仕事に関わりたいと考える人が少なくないからです。

業務の遂行力が競争上の優位性を持つまでに磨き込まれた状態を、オペレーショナル・

エクセレンスといいます。インターネットで本を売るという、言ってみればごく単純なビジネスから始めたアマゾンが、現在のポジションを獲得できたのは、このオペレーションの力によるところが大きいでしょう。

どんなに優れたアイデアがあってサービスを開発できたとしても、効率よく運営できなければ、事業を大きくすることも企業として生き残ることも不可能です。ビジネスとオペレーションが車の両輪となって、スタートアップは成長の階段を上ることができるのです。

シリコンバレーでは、こうしたタスク型のダイバーシティに加えて、デモグラフィー型のダイバーシティも豊富に認められます。

ヤフー(Yahoo)、グーグル、インテル、ペイパル(PayPal)、インスタグラム(Instagram)。これらの企業に共通することは何でしょうか。それは、アメリカ以外の国で生まれた移民の創業者または共同創業者によって設立されたということです。

実際、シリコンバレーで設立されるハイテク系企業の２社に１社は移民一世によって設立されています。続くロンドンとベルリン（約40％）、ボストン（約30％）と比べても、頭一つ抜けています。

彼らがシリコンバレーにやって来るルートもバラエティに富んでいます。スタンフォード大学やカリフォルニア大学バークレー校をはじめとするこの地の大学で学ぶために集まる学生もいれば、別の場所で起業した会社を大きくするために飛び込む人もいるし、駐在員などのように企業から送り込まれる人もいます。

いったんシリコンバレーのコミュニティの一員となった後も、同じ会社、同じポジションに留まることはありません。起業した会社を売却した資金をもとに新たな事業を起こすシリアル・アントレプレナーもいれば、次は自分で起業するのではなく、別の会社に参加する人もいます。大学で教鞭を執ったり、スタートアップを支援する側に回ることも少なくありません。

転職も盛んで、情報交換や相互学習も盛んに行われている技術者のコミュニティでは、魅力的な求人情報や、誰がいつ、いまの会社を離れそうかといった情報が飛び交っています。日本のように会社に忠誠を尽くすのではなく、イノベーションを起こすという、より大きな目的のために、自分も含む適材が最適なポジションに就くことに価値があると考えられているからです。

その一方で、起業に失敗したり熾烈な競争を嫌うなどして、シリコンバレーを離れる人も大勢います。むしろ、数で言えばこちらのほうが多数派かもしれません。多様な人たちがやって来ては去っていくことで、この谷（バレー）には淀むことなく常に新鮮な風が送り込まれます。こうして生み出される新陳代謝のスピードが、シリコンバレーのエコシステムの陳腐化を防ぐことにもつながっています。

産学連携──大学との連携が生み出す好循環

シリコンバレーのエコシステムの２つ目は、大学とスタートアップとの有機的なつながりです。

これまでにも何度も登場していますが、シリコンバレーを語るうえでスタンフォード大学は欠かせません。フレデリック・ターマンが進めた産業界との連携は１世紀の間にさらに強化され、いまも人材と技術シーズを絶え間なく供給しています。１９９０年代には全米の大学でもいち早く起業講座が開催され、ユニコーン企業の輩出数では常に他の大学を圧倒しています。

しかし、特筆すべきは教授陣の質の高さでしょう。起業経験者が多く、ビジネスの実際やスタートアップが直面する課題に対する深い理解があり、産業界との広いネットワークも持っています。

たとえば、グーグルの親会社であるアルファベットの現在の会長は、スタンフォード大学前学長のジョン・ヘネシーです。コンピュータサイエンス分野のノーベル賞ともいわれるチューリング賞を受賞した研究者でありながら、みずからもファブレス半導体企業を創業した経験があり、また多くの学生の起業を支援し、ビジネスにも精通している人物です。


スタンフォード大学にはヘネシーのように、大学と産業界を何度も行き来する教授が大勢います。当然ながら、講義の中身も実践的です。学生は経営理論を学ぶだけでなく、ケーススタディを中心に、すぐに使える知識や考え方を習得することができます。すでに起業を計画している学生に対しては、ビジネスプランの磨き込みや資金調達に関するアドバイスが受けられるアプローチ先を紹介することができますし、教授みずからコンサルティングすることもあります。

そのほかにも、株価を安定させるためにはどのような施策が必要か、何かと厳しい目を向けるステークホルダーをも納得させるコーポレートガバナンスのあり方はどのようなものかといった、経営に必要なあらゆる問題について支援できる教授がスタンフォードには揃っています。

ただし、すべては学生の起業に対する熱意があってこそ意味を持つものです。これを象徴する組織が、スタンフォード大学内に組織された全米最大の学生起業家支援組織、ＢＡＳＥ（Business Association of Stanford Engineering Students）です。学生たちみずからが運営する組織で、ビジネスプランコンテストやユニコーン企業の経営者による講演会などを頻繁に行っています。

ＢＡＳＥのコンペの参加者は、審査員を務める有力ベンチャーキャピタリストから、貴重なアドバイスや批判を聞くことができます。もちろんコンペに参加するためにも厳しい競争を勝ち抜かなければなりませんし、こてんぱんにけなされることもありますが、強い影響力を持つキャピタリストを前にプレゼンできるだけでも大きなチャンスであることは間違いないでしょう。

また、産業界との研究協力も盛んに行われています。共同研究のほか、企業から研究費をもらって行う委託研究などを通じて、研究成果や人材を生み出しています。専門の技術移転機関を設置し、貴重な発明が放置されることがないようマーケティングを行い、ライセンシングにより適正な対価を得て、さらなる研究開発へと再投資する。こうした仕組みを早い時期に構築できたことが、スタンフォード大学、さらにはシリコンバレーの今日の技術的な強みにつながっているのです。

シリコンバレーには、スタンフォード大学のほかにも世界トップクラスの研究機関が数多く存在します。なかでも1970年に設立されたゼロックス・パロアルト研究所は、マウス、イーサネット、レーザープリンターなど、今日のコンピュータやインターネットの技術基盤を発明した功績を誇ります。

このような大学や研究機関との間の、技術、人材、資金などの双方向のつながりがスタートアップを支援し、また成功したスタートアップがその成果を大学などに還元することで、エコシステム全体が繁栄するための好サイクルが回っています。

インキュベーター&アクセラレーター――ユニコーン製造工場のすごい実力

シリコンバレーのエコシステムの３つ目は、他の地域とは一線を画すインキュベーターとアクセラレーターの質と量です。どちらも起業家やスタートアップを育成するための仕組み、およびその施設を指します。

この2つは、主に関与するスタートアップの成長ステージで分けることができます。インキュベーターは、もともと孵卵器を意味するように、起業直後や設立前のシードやアーリーステージのスタートアップを対象とします。一方、アクセラレーターは、シリーズＡやＢの事業を加速（アクセラレート）させることを主な目的とします。

インキュベーターの多くは、コワーキングスペースなどの共有オフィスを用意しています。分野もステージも異なるスタートアップが、空間を共有することで刺激を受けたり、お互いにアイデアを出し合ったりするなどして、より良い製品やサービスの開発を目指すもので、政府や大企業、大学などが出資して運営するものも少なくありません。

これに対してアクセラレーターは、ＩＰＯやＭ&Ａなどを通じてスタートアップの企業価値を高めることを目標に、少額の投資をしたうえで、成長を加速させるためのプログラムを短期集中で提供します。

そうは言っても、両者の境界はそれほどはっきりしたものではなく、また両方のサービスを提供する運営体もあるので、ここではアクセラレーターとしてまとめて説明することにしましょう。

アクセラレーターはスタートアップに対して、資金、ネットワーク、オフィスなどのスペース、そしてナレッジを提供します。このうち最も重要なのが、ナレッジです。短ければ数週間、長くても半年程度の期間で、事業開発に必要な指導やトレーニングを行います。それぞれのアクセラレーターに独自のプログラムがありますが、ここではシリコンバレーに本拠を置き、世界で最も多くのユニコーン企業を輩出しているYコンビネーターを例に説明します。

Yコンビネーターは、年に2回、世界中からスタートアップを募集し、合格率数パーセントの狭き門をくぐり抜けたところだけに少額を出資します。そのうえで3カ月間にわたり、ハンズオンで事業開発に必要なナレッジを徹底的に教え込み、メンターシップを提供します。

参加するスタートアップをグループにして、定期的にKPI（重要業績評価指標）ミーティングを行うことで成長を促すのも、Ｙコンビネーターの特徴です。目標数値は高く設定され、ＫＰＩがそれを下回れば、パートナーから厳しい指導が入ります。

特筆すべきはＹコンビネーターのパートナーのほとんどが、過去に起業し、成功させた経験のある人だということです。そのパートナーとの1対1の面談の機会も設けられています。ただ、時間は長くても30分程度なので、簡潔に事業や現在の課題について説明したり、必要な質問をしたりする力が鍛えられます。

また、コロナ禍の前は、週に1度は全員が集まるディナーが催され、著名な企業家がゲストとして招かれていました。過去には、イーロン・マスク、マーク・ザッカーバーグ、エアビーアンドビー（Airbnb）の共同創業者であるブライアン・チェスキーとジョー・ゲビア、セールスフォース（Salesforce）創業者のマーク・ベニオフなどが、スピーカーとして登壇しています。メディアを介する情報と違い、より親密で具体的なスピーチの内容は、ここでしか聞けないものです。

そしてプログラムの最後には「デモデイ」（Demo Day）と呼ばれる資金調達のための

ピッチが行われます。招待された400人程度のベンチャーキャピタルなどの投資家を相手にプレゼンテーションを行い、出資を募るのです。

デモデイに呼ばれるのは、限られた投資家だけです。スタートアップを見る目ではどこにも引けを取らないYコンビネーターのパートナーが厳選して鍛え抜いた投資先の勝率が悪いわけがありません。それゆえ、皆こぞって参加したがるわけですが、信頼の置ける投資家にしかその機会は与えられません。ちなみに少し自慢をさせていただくと、我がペガサスもその一員に入っています。

では、なぜ限られた投資家しか参加できないのか。それは、Yコンビネーターのプログラムに参加するようなスタートアップは、凡庸な投資家に自分たちをジャッジしてほしくないと考えているからです。ここで言う凡庸とは、事業の可能性を正しく評価する力が不足していたり、投資判断に時間がかかったりするという意味です。自分たちの製品やサービスに自信があれば、出資者を厳しく選別したいと思うのは当然でしょう。

実際、Yコンビネーターのデモデイに参加するベンチャーキャピタルなどは、数百万円から数千万円程度の投資は、その場で即決することもあります。

少し話は逸れますが、投資家、それも大企業が運営するベンチャーキャピタル、CVCなどにありがちな「勘違い」について、ここで触れておきたいと思います。こうした投資家は、「私たちを説得してみてください」という姿勢でスタートアップに対峙します。

でも、飛び抜けて大きな可能性を持つスタートアップは、先に言ったように「選ぶのは自分たちのほうだ」と考えています。アイデアや技術をリスクを承知で伝え、そのうえ追加の情報や資料要請にも応え、さらには投資までに長い時間がかかってしまうのはたまらないと考えているからです。日本企業のCVCがなかなか成果を上げられない理由の1つが、こうしたスタートアップの意識に合わない姿勢にあると思われます。本気でトランスフォームを望むのであれば、選ばれる力を磨き込むしか方法はありません。

2005年にスタートアップに対する支援を開始して以来、Yコンビネーターからは、エアビーアンドビー、オンライン決済のストライプ（Stripe）、無人自動運転のクルーズ（Cruise）［のちにゼネラルモーターズに買収］、ドロップボックス（Dropbox）などが生まれています。まさしく「ユニコーン製造工場」です。

面白いのは、Yコンビネーターのパートナーたちも、1年か2年もすると、自分でもう一度事業を起こすケースが多いことです。ユニークなスタートアップに接するうちに刺激を受けて、自分でもまた何か事業を立ち上げたいとうずうずしてくるのでしょうか。

このほかにもシリコンバレーにはさまざまなアクセラレーターがあり、それぞれ特色のあるプログラムを提供しています［図表2－5］。

アクセラレーターはほかの国や地域にもありますが、質と厚みの点でシリコンバレーに肩を並べるところはありません。起業経験や事業を爆発的に成長させた経験を持つパートナーやゲストが、1対1、もしくはごく小規模な場で、みずからの知見を惜しみなく提供する価値は計り知れません。シリコンバレーという都市が積み上げてきたイノベーションの歴史が、こうしたことを可能にしています。

メンター&アドバイザー——起業家を支えるメンタリング

シリコンバレーのエコシステムの4つ目は、メンターの存在です。先ほどのアクセラレーターにおいてもメンターは重要な意味を持ちますが、ここではより広い意味でのメンター

［図表2-5］シリコンバレーの主要アクセラレーター

名称	主な特徴	支援したスタートアップ例
Y Combinator	世界ランキングナンバーワンのスタートアップインキュベーター、アクセラレーター。 これまで4000社以上に投資を実施。そのうち約870社がイグジットした。ポートフォリオ企業の合計時価総額は1000億ドルを超える。	Airbnb, DoorDash, Coinbase, Dropbox, Cruise, Twitch, Reddit など
500 Startups	20カ国に人材を配置し、約75カ国に投資を実施しているグローバルファーム。 これまで2500社以上に投資を実施。そのうち約270社がイグジットした。	Twilio, Animoca Brands, Tapas Media, Recurly, Knotel など
i/o Ventures	メンターシップに重点を置く。モバイル技術、アドテック、オンライン小売領域に特化。これまで約20社に投資を実施。そのうち8社がイグジットした。	Cozy, CodeEval, Appstores.com, Cortex など
Founder Institute	世界最大のプレシードのスタートアップアクセラレーター。180以上の都市と6大陸で3500社を超える企業の立ち上げを支援してきた。ポートフォリオ企業の合計時価総額は200億ドルを超える。	LeadZen, Ovamba Solutions, Inc., krippit, Holoplex VR など
Alchemist Accelerator	B2B領域のスタートアップ育成に特化。 これまで約540社に投資を実施。そのうち35社がイグジットした。	Timekit, Prodigy, Wise.io, NextInput, MightyHive など
AngelPad	製品市場の適合性の発見から、ターゲット市場の定義までを支援するほか、資金調達の準備もサポート。これまで170社以上に投資を実施。そのうち約36社がイグジットした。	Postmates, AllTrails, CoverHound, UpCounsel, Vungle など
RockHealth	デジタルヘルスケア領域に特化。 これまで約100社以上に投資を実施。そのうち18社がイグジットした。	Sano, Omada, Doctor On Demand, Wello,Telepharm など
Techstars	主に、技術系のスタートアップがターゲット。15カ国にプレゼンスを持つ。 これまで3300社以上に投資を実施。そのうち約290社がイグジットした。	Twillio, Uber, DigitalOcean, Hull, SendGrid, PillPack など
Berkeley SkyDeck	バークレー大学のアクセラレーター。これまで約440社に投資を実施。そのうち10社以上がイグジットした。	Comfy, Gradescope, ATOMIZED, GetApp, Zephyrus Biosciences など
Plug and Play	3万以上のスタートアップ、500以上の大手企業、複数の業界の数百のベンチャーキャピタル企業、大学、政府機関で構成されたエコシステムを構築。これまで約1200社に投資を実施。そのうち100社以上がイグジットした。	Guardant Health, Life360, Kustomer, Verse, Flo Technologies など

出所：Crunchbaseのデータをもとに筆者作成（数字はすべて2021年8月現在のもの）。

についてお話しします。

あらためて説明すると、スタートアップのためのメンターとは、起業家に指導や助言をする人物のことです。過去にスタートアップを成功させた経験者が中心ですが、数多くのユニコーン企業の成長を間近で見ていたベンチャーキャピタリストや、国の政策や地方の問題に精通している政治家、画家などのアーティストや心理学の専門家など、実にバラエティに富んだ人々がメンターになります。

そのほか、大学教授、弁護士や会計士、現役の経営者も含まれます。セルゲイ・ブリンとゴードン・ムーアは、スタンフォード大学の恩師ラジーブ・モトワニに大きな影響を受け、グーグルを創業しました。モトワニは、学生だった2人の素晴らしく独創的な構想が形になっていくのを最も身近なところで見守り、さまざまな方法で手助けしました。

メンターは身近な人物とは限りません。起業家の多くには、直接的には助言を受ける機会が少なくても、この人こそが自分のメンターであるという存在がいます。たとえばマーク・ザッカーバーグは、スティーブ・ジョブズが自分のメンターだったと明かしています。

起業したてでビジョンに確信が持てなかった頃、「自分の信じるミッションと再びつながるためにインドに行け」というジョブズの言葉に触発されて、実際にインドを訪れ、いまのフェイスブックの成功につながるミッションを再確認したとされます。いまいる場所を離れて別の大陸を旅して、ビジョンを描く。それは、かつてジョブズ自身がやったことでもあります。彼の足跡をそのままなぞることが、その時のザッカーバーグには必要だったのでしょう。

ザッカーバーグは、ほかにもビル・ゲイツやワシントンポストでCEOを務めたドン・グラハムなどの名前をメンターとして挙げています。また、そのビル・ゲイツのメンターは、少し意外に思えますが、世界一の投資家と呼ばれるウォーレン・バフェットでした。

アイドルのような憧れの対象から、何か迷ったり不安に感じたりした時に、ちょっと電話をして何でも気軽に聞ける兄貴のような存在まで、メンターのあり方はさまざまですが、シリコンバレーにいる限り、メンター選びに困ることはありません。誰かが誰かをメンターとして仰ぎ、次は自分自身が誰かのメンターになる。シリコンバレーではこれが繰り返されています。

では、彼らはなぜすすんで助言やアドバイスをするのでしょうか。特に現役の経営者や次の起業を考えているシリアル・アントレプレナーの場合、目の前のスタートアップが明日は自分を脅かす存在になるかもしれません。にもかかわらず自分の経験や知見、時には人脈さえも惜しみなく提供するのはどういう理由からなのでしょうか。

その答えは、この章の前半で説明したシリコンバレーのカルチャーにあります。誰もが対等な立場で情報を共有し（裏を返せば、共有する情報がなければコミュニティのメンバーと見なされないということになります）、より良い社会やサービスをつくり出すために協働を惜しまないオープンな姿勢があるのです。

かつてサン・マイクロシステムズ（Sun Microsystems）は、「みんなで競争すればみんなが勝利者になる。自分だけで独占して儲ける時代は終わった」という理念を掲げ、オープンソース開発者の力を得てＪａｖａを開発しました。同社は２００９年にオラクル（Oracle）に買収されましたが、シリコンバレーにはいまも変わらずオープンなコミュニティがあり、さまざまな人が自由に動き回り、出会い、アイデアをぶつけ合って、創発を生み出しています。

きれいごとばかりを言うつもりはありません。私もよくメンターになってほしいと頼まれますが、基本的にはすべてお断りさせていただいています。いまの本業である「ＣＶＣ

を通して日本企業にイノベーションを起こす」という仕事に集中したいからです。家族とリラックスするといった、私の人生を意味のあるものにしてくれる時間は何を置いても確保しますが、「それ以外の時間は1分1秒たりともほかのことに使いたくないのが本心です。

私と同じか、それ以上に忙しい人がメンターを引き受けているのを見ると、少し申し訳ない気持ちにもなりますが、いまはそういう時なのだと考えるようにしています。おそらくメンターになっている人の中には、断らざるをえなかった時期もあり、そこから一定の時が過ぎて引き受けるに至った方もいるのではないでしょうか。

それでも、どうしても超多忙なあの人にメンターになってほしいというスタートアップにお勧めの方法が1つあります。それは、株式を少しだけ持ってもらうことです。もちろん起業家本人やビジネスプランが飛び抜けて魅力的なことが大前提ですが、株式を持ってもらうことで当事者意識が生まれ、割いてもらえる時間が増えたり、より良質な助言がもらいやすくなったりする効果は期待できるでしょう。

誤解のないように言っておきますが、私自身は株主になることと引き換えにメンターを引き受けることはありません。出資した企業に対しては文字通りハンズオンでアドバイスをしますが、メンタリングの対価として株式を受け取ることはありません。

そんな私ですが、1万件に1件くらいの割合で、「これは」というアイデアや人材に出会い、メンターを引き受けてしまうことがあります。頭ではこれ以上は無理だとわかっていても、スタートアップを数え切れないほど見てきた私の経験と直観が、これほどポテンシャルのある芽を摘んではいけないと言って聞かないので、引き受けるのです。これもまた、シリコンバレーという街のせいかもしれません。

ベンチャーキャピタルと投資家——分厚い投資家の集積

シリコンバレーのエコシステムの5つ目は、ベンチャーキャピタルやエンジェルをはじめとする投資家の集積です。ほかの産業と同じく、金融サービス業の1つであるベンチャーキャピタルにも、有利な立地が存在します。それがシリコンバレーです。

金融のデジタル化が進む現在、地理的な制限は問題にならないように思えるかもしれませんが、スタートアップ投資では立地は依然として重要な要素です。オンラインのミーティングだけでは起業家の表情や振る舞いが伝わりにくいため、事業に対する自信や熱意も十分に受け取ることができません。また、有望な投資先はピッチなどではなく、知り合い同士のインフォーマルなコミュニケーションから情報がもたらされるケースが少なくありません。

さらにベンチャーキャピタルは、投資して終わりではありません（残念ながら日本のCVCには、投資して終わりのパターンが少なくありません。その結果、せっかく有望なスタートアップとつながっても、本当の意味でのパートナーシップに発展しないのです。この点については次章で詳しく説明します）。モニタリングやさまざまなサポートを通じて、何らかの形で継続的に経営に参画し、より大きく、より速く、成長を加速させることが、ベンチャーキャピタルの本来の仕事だからです。

ある研究によれば、リード投資家はスタートアップ1社につき、平均して年に19回訪問し、100時間以上を対面でのコミュニケーションに費やしているそうです。

実際、私たちペガサスも、新たな投資先を発掘するのとほとんど同じだけの時間を、既存の投資先のモニタリングや支援にかけています。そのために世界7カ国に支社を置き、そのほか9カ国に人材を配置し、計16カ国の拠点において、きめ細やかなサポートができる体制を取っています。現地にいることの強みは、たしかに存在するのです。

ちなみに、アメリカには現在1000ほどのベンチャーキャピタルが存在するといわれます。主なものを［図表2－6－1］にまとめましたが、そのほとんどがシリコンバレーに集中しています。

ベンチャーキャピタルや投資会社を主な顧客とする金融情報サービスのピッチブック(PitchBook)の調べによれば、全米のアクティブなベンチャーキャピタルの3割弱がシリコンバレーに本拠を置き、国内のベンチャーキャピタルによる運用資産額の半分以上が、それらシリコンバレーのベンチャーキャピタルによって運用されています。

ベンチャーキャピタルと並んで、イノベーションのゆりかごとしてのシリコンバレーを支えてきた重要な資金の出し手が、個人のエンジェル投資家です。大手のベンチャーキャピタルに比べれば1件ずつの投資額は小さいものの、シードやアーリーステージにおいて、エンジェル投資家が重要な役割を果たすケースは多々あります。

投資したスタートアップを継続的に支援した後、株式を売却してリターンを得るという伝統的なベンチャーキャピタル（クラシックベンチャーキャピタル）に加えて、M&AやLBO（Leveraged Buyout）などの多様な方法で短期間にリターンを得ようとするマーチャントベンチャーキャピタルが増えたことも、エンジェル投資家が存在感を増す一因となっています。

短期間での回収を目指すマーチャントベンチャーキャピタルにとって、シードやアーリーステージへの投資は、「時間がかかりすぎる」と敬遠されるため、エンジェルへの期待が高まっているのです。

シリコンバレーには現在、30万人のエンジェル投資家がいるとされます。その中には、セールスフォースのマーク・ベニオフや、Yコンビネーターのパートナーなど、シリコンバレーの著名人の名前が並んでいます［図表2-6-2］。Yコンビネーターについてはすでに説明したようにスタートアップに少額投資を行いますし、セールスフォースもCVCを持っていますが、それとは別に個人的にも投資をしているのです。

自分が挑戦し、成功して手にした巨額の資産を、次の世代、またその次の世代の挑戦者に投じることは、シリコンバレーではごく一般的な振る舞いです。経済的なリターンを狙

[図表2-6-1]シリコンバレーの主要ベンチャーキャピタル

名称	主な特徴	支援したスタートアップ例
Sequoia Capital	運用ファンド数は30。総調達額が192億ドルの大手VC。これまで1509社に投資し、そのうち321社がエグジット。エネルギー、金融、エンタープライズ、ヘルスケア、インターネット、モバイル業界を主な投資領域とする。	Apple, NVIDIA, Square, Reddit, Robinhoodなど
Accel	運用ファンド数は29。総調達額が129億ドル。これまで1592社に投資し、そのうち315社がエグジット。コンピューティングとストレージインフラストラクチャ、コンシューマーインターネットとメディア、エンタープライズソフトウェアとサービス、モバイル、ネットワーキングシステム、小売消費者、セキュリティ、テクノロジー対応サービスなどを主な投資領域とする。	Facebook, Dropbox, Spotify, Slack, Deliverooなど
Khosla Ventures	運用ファンド数は10。総調達額が29億ドル。これまで892社に投資し、そのうち121社がエグジット。消費者、エンタープライズ、教育、広告、金融サービス、半導体、ヘルスケア、ビッグデータ、農業/食品、持続可能なエネルギー、ロボット工学など、幅広い分野に注力している。	Square, Doordash, Affirm, Oscar Health, QuantumScapeなど
Andreessen Horowitz	運用ファンド数は19。総調達額が156億ドル。これまで953社に投資し、そのうち155社がエグジット。消費者、エンタープライズ、バイオ/ヘルスケア、クリプト、フィンテックなどを主な投資領域とする。	Reddit, Coinbase, Oculus, Pinterest, Zyngaなど
Bessemer Venture Partners	運用ファンド数は10。総調達額が92億ドル。これまで1096社に投資し、そのうち243社がエグジット。消費者、エンタープライズ、ヘルスケアなどを主な投資領域とする。	Yelp, LinkedIn, Pinterest, Twilio, Boxなど
Kleiner Perkins	運用ファンド数は19。総調達額が66億ドル。これまで1253社に投資し、そのうち282社がエグジット。メディア、製薬、ヘルスケア、ソフトウェア、コンピューターハードウェア、および製造部門などを主な投資領域とする。	Square, Twitter, Peloton, Duolingo, Zyngaなど

[図表2-6-2]シリコンバレーの主要エンジェル投資家

名称	主な特徴	支援したスタートアップ例
Ron Conway	テック業界の「スーパーエンジェル」の1人。Angel Investors LP funds , SV Angelsの創業者・共同マネージングパートナー。171社に投資し、そのうち109社がエグジット。メディア、テレコム、エンタープライズ、教育、マーケティング、フィンテックなどを主な投資領域とする。	Google, PayPal, Airbnb, Facebook, Redditなど
Tim Draper	大手ベンチャーキャピタル企業であるDraper AssociatesとDFJの創設パートナー。229社に投資し、そのうち104社がエグジット。フィンテック、エンタープライズ、メディア、テレコム、ヘルスケアなど主な投資領域とする。	Vungle, StackCommerce, Skyward, Shelby.tv, Socialcamなど
Paul Graham	Y Combinatorの共同創業者。36社に投資し、そのうち9社がエグジット。フィンテック、テレコム、教育、エンタープライズなどを主な投資領域とする。	Wufoo, Socialcam, Seed, AppJet, Cloosiv, Octopartなど
Chris Sacca	Lowercase Capitalの創業者・会長。103社に投資し、そのうち72社がエグジット。メディア、マーケティング、エンタープライズなどの主な投資領域とする。	Instagram, VHX, Photobucket, Omnisio, Message Busなど
Reid Hoffman	LinkedInの共同創業者。100社に投資を実施。そのうち57社がエグジット。メディア、エンタープライズ、フィンテック、マーケティング、テレコムなどを主な投資領域とする。	Zynga, VigLink, Tiny Picturesなど
Naval Ravikant	AngelListの共同創業者。257社に投資を実施。そのうち113社がエグジット。フィンテック、エンタープライズ、メディア、マーケティング、テレコム、交通、教育、ヘルスケアなどを主な投資領域とする。	Uber, Twitter, Wish, Vurb, Visuallyなど

出所:ベンチャーキャピタルはCrunchbase、Linkedin、エンジェル投資家はPitchBook、Dealroom.coのデータをもとに筆者作成(数字はすべて2021年5月19日現在のもの)。

うだけでなく、絶え間なくイノベーションを生み出すために自分が持つ資金や経験を提供することが、彼らとこの街の価値観にマッチしているからです。

さらに最近では、ファミリーオフィスによる投資額も増加しています。ウォルマート（Walmart）、アマゾンなどの創業者やその一族が、自分たちの資産管理会社を通じてスタートアップに投資しているのです。また、成長ステージの後半、シリーズBやシリーズCでは、プライベートエクイティファンドが主要な資金の出し手の1つとなりますが、これらのプレーヤーもまたシリコンバレーに集中しています。

このように、シリコンバレーには多種多様な投資家が集まり、多産多死のスタートアップを支え、成功の連鎖を生み出しています。

イグジットの機会――豊富な選択肢

シリコンバレーのエコシステムの6つ目は、イグジットの手段とチャンスが豊富にあることです。イグジットとは、文字通り出口のことで、スタートアップの創業者や投資家が株式を売却して、利益を出すことを意味します。

スタートアップのイグジットには、大きく分けて次の2つがあります。

1つは、M&Aです。大手企業は新たな事業や市場を手に入れるため、積極的にスタートアップを買収します。もう1つは、IPOです。

このうち、特にシリコンバレーのスタートアップに有利に働くのは、前者のM&Aです。主な買い手である大手企業の中でも、特に買い意欲が旺盛な新興のテクノロジー系企業が、世界のどこよりも数多く存在しているからです。次々と生まれる革新的な技術やサービスを自社に取り込むことで、さらに指数関数的な成長を実現しようとしています。

出資割合が限定的なCVCと違い、M&Aでは経営の意思決定に関与することのできる株式を取得します。支配権は買収企業の手に移るので、その時点でスタートアップの創業者の多くは経営から手を引くのが一般的です（CEOやCTOなど、事業を展開するうえで欠かせない人物を、契約により一定期間引き止めておくケースもあります）。

創業者はその代わりに多額の資金を手にします。たとえば、２０１４年にグーグルは、ＩｏＴスタートアップのネストラボ（Nest Labs）を32億ドルで買収し、ＩｏＴビジネスのプラットフォーム整備につなげました。ただし、ここで注目していただきたいのは、投資額の大きさばかりではありません。

グーグルは以前から自社のＣＶＣであるＧＶ（旧グーグルベンチャー）を通じてネストラボに出資し、成長を支援し、またそのプロセスをつぶさに見てきました。そのうえで、絶好のタイミングを見極めて、自社の傘下に入れたのです。当然ながら、両者の間には信頼関係が築かれていたはずです。

もし仮に、中国や日本の企業が買収しようとしたら、ネストラボは抵抗していたかもしれません。そうなれば買収額はもっと跳ね上がったでしょうし、核となる技術も主要な人材とともに流出してしまった可能性があります。シリコンバレーのコミュニティの中で関係を築いていたからこそ、グーグルは32億ドルでネストラボを手に入れ、シナジーを生み出すことに成功したといえるでしょう。つまり、グーグルがネストラボを選んだと同時に、ネストラボもまたグーグルを選んだわけで、最強のパートナーシップの好例といえるでしょう。

フェイスブックも、毎月のようにスタートアップを買収しています。2012年にはインスタグラムを10億ドルで、2014年にはワッツアップ（WhatsApp）を190億ドルでそれぞれ買収しました。ちなみにインスタグラムを買収した時点では、フェイスブック自体もまだまだIPOを終えていなかったので、10億ドルはけっして小さな金額とはいえません。

インスタグラムの共同創業者だったケビン・シストロムとマイク・クリーガーは、買収から6年後の2018年に同社を去りました。マーク・ザッカーバーグがインスタグラムを潜在的な競合と見なして、相手の無力化を狙って買収したという見方もありますが、真相はともかく、6年の間にインスタグラムがユーザー数を急拡大させたことは事実で、結果的に「無力化」は実現されなかったことになります。

最終的に2人の共同創業者はフェイスブックと袂を分かつことになりましたが、6年にもわたって傘下で経営に当たったという事実が、彼らにとって少なくとも不本意な買収ではなかったことを示しています。シリコンバレーという共通の基盤が、双方に良い影響をもたらしたことは間違いないでしょう。

M&Aにまで至らなくても、CVCを含む大企業と連携するチャンスがシリコンバレーにはたくさん転がっています。資金だけでなく、技術の貸与、販路や調達先の開拓などで大企業の手助けを受けることができれば、スタートアップにとっては、次のステージにジャンプするきっかけになります。

世界中が注目するこの街にいれば連携先を探す大企業の目にとまりやすいので、そのために他の都市から移って来るスタートアップは珍しくありません。見つけてもらいやすいこと、これもシリコンバレーのエコシステムの重要な側面の1つです。

失敗を受容する文化——失敗を次の糧に

シリコンバレーのエコシステムの7つ目は、失敗を受容して次への糧にする文化です。

日本では、スペースXは宇宙船を打ち上げる会社だと思われているかもしれませんが、あれはあくまでも手段で、スペースXを率いるイーロン・マスクの目的は、現在でもインターネットが整備されていない地域やアクセスが困難な地域で、高速ブロードバンドインターネットを利用できるようにすることにあります。

小型でリサイクル可能な低コストの通信衛星を送り込み、次世代の衛星ネットワークを構築するこのスターリンク計画は軌道に乗り始めています。2021年中には、極圏を除く世界全域で高速ブロードバンドが提供される見込みです。

そしてマスクは、その先に「人類を、多くの惑星で生きられるようにする」という壮大なビジョンを掲げています。ほかの場所でこんなことを口にしたら、ほら吹きだと笑われることでしょう。しかし、シリコンバレーではそうとは限りません（実際のところ、誰が言うかが問題ではありますが）。

スペースXのこれまでの歩みは、けっして順調なものではありませんでした。28歳の時にペイパルの前身に当たる会社を創業し、31歳でイーベイ（eBay）に売却して15億ドルを手にしたマスクは、スペースXを立ち上げます。しかし、周囲から聞こえてきたのは反対の声ばかりでした。民間企業が宇宙開発事業に乗り出すことは、リスクが大きすぎると思われたのです。

周囲の心配は的中します。相次ぐロケット打ち上げの失敗により、日本円にして200億円を超えていた彼の資産はものすごい勢いで失われていきました。そして、あともう1

回失敗したら資金が底を突くという4回目のチャレンジで、ついに成功に漕ぎ着けます。これが転換点になって資金が集まり、スペースXの企業価値は現在4兆円を超えるまでになりました。

イーロン・マスクはおそらく失敗のまま終わることなど考えていなかったはずですが、仮にそうなったとしても彼は後悔しないような気がします。また新しい事業を始めればいいし、投資家も起業家の仲間たちもそれを熱望するはずです。

スタンフォード大学で副学長を務めたビル・ミラー教授は、シリコンバレーには「3つのOK」があると言っていました。それは、失敗すること、転職すること、競争相手と会話することです。なかでも失敗は、最も推奨されることです。最悪なのは失敗を恐れて何もしないことで、そういう考え方の人は、シリコンバレーでうまくやっていくのは難しいかもしれません。これは企業も同じです。

残念ながらシリコンバレーで活動する日本の大手企業は、ここに挙げた7つのイノベーションのエコシステムを活用できていないように見えます。日本から送り込まれた人は積極的に転職しようともしないし、競争相手との会話にも消極的です（例外はあります）。

そして何より、失敗を恐れてなかなか行動を起こそうとしません。これはおそらく個人の問題ではなく、日本の本社を中心とする組織の問題でしょう。

繰り返しになりますが、現時点でシリコンバレーほどイノベーションを実現するのに適した都市はほかにありません。産業にもよりますが、ここで無理なようであれば、徹底した原因究明とより根本的な解決策が必要です。そのためには、まずは足元をしっかりと見つめなければなりません。

次章では、イノベーションに向けた一歩が踏み出せない日本企業の実情と課題、そしてその解決策を考えます。

第3章
日本企業を苦しめるイノベーションのジレンマ

アニス・ウッザマン 著

悩み深き「新規事業開発部」

シリコンバレー駐在者が思わず漏らした本音

　ある朝メールチェックをしていると、シリコンバレーで活動する日本の大手エレクトロニクスメーカーのＣＶＣ担当者から、日本に帰ることになったので会って相談したいことがあるという連絡が入っていました。以前、日本の独立系ベンチャーキャピタルの方から紹介された方です。

　その会社のＣＶＣがあまりうまくいっていないのは、以前から何となく知っていました。いよいよ帰国命令が出て、気落ちしているのではないかと心配しながら約束の店に向かったのですが、思ったよりすっきりした表情です。ランチを取りながら、彼は次のようにシリコンバレーでの2年間を振り返りました。

「これはという投資案件を本社に投げても何も進まない。まるでブラックホールにボールを投げ込んでいるようで、途中からまるで自分が透明人間になったような気になりました。もしかしたら、本社の人間には自分の存在が見えないのかなって」

公平に見て、彼は自分にできることを精一杯やっていたように思います。入社以来ずっと事業部門一筋で、海外勤務の経験もない彼にとって、新設されたオープンイノベーション部門から単身シリコンバレーに送り込まれるのは青天の霹靂だったはずです。

それでも、オフィスを置くコワーキングスペースには毎日出勤し、他の利用者とも積極的にコミュニケーションを取っていました。日本人コミュニティで開催されるイベントはもちろん、それ以外にも、参加可能なピッチコンテストなどがあれば必ず足を運び、カンファレンスでは真面目にメモを取り、せっせと日本にレポートしていたといいます。

しかし、彼が2年間で日本に送った25の案件のうち、正式に投資委員会に諮られたのはわずか1件。それどころか既存事業とのシナジーの可能性を探ろうと、本社の関連事業部につないでも、ほとんど誰も関心を示してくれなかったそうです。これでは投資委員会で十分な審議がなされるはずがありません。

会社は自社独自のCVC運用に限界を感じている。ついては我々ペガサスが提供するCVCサービスの話を聞きたいというのが面談の趣旨でした。2年間この街で頑張ってきた彼にとって、けっしてハッピーな結末ではないはずです。

でも、どこかほっとしたように見えたのも事実です。「新規事業の可能性を探ってこい」「とにかく情報を収集せよ」という、あまりにも曖昧なミッションを与えられた挙げ句、透明人間扱いされたのだから当然でしょう。

「予算もはっきりとした目標もない。本社から偉い人が来てアテンドする以外は、毎日何をして過ごせばいいのかいつも頭を悩ませていました。日本に戻って、また忙しい日常が待っていると思うと、正直、嬉しいんですよね」

そう言って、彼はシリコンバレーを後にしました。

イノベーションに最も近いCVC形態は?

シリコンバレーには、同じようなモヤモヤを抱える日本企業のCVC担当者が大勢います。ここであらためてCVCを説明すると、金融サービス以外の事業会社が外部のスタートアップに投資を行うものです。

一口にＣＶＣ投資と言っても、大きく３つの形態があります［図表３－１］。

①自社の本体勘定で直接投資を行う。
②ベンチャーキャピタルを子会社として設立し、そのファンドから投資する。
③外部の独立系ベンチャーキャピタルのファンドに、他の投資家と一緒に投資する。

管理・運用は、①は経営企画や新規事業開発部門、②は投資子会社が中心となって当たりますが、人材やノウハウが不足しているために、外部のベンチャーキャピタルに委託する場合も少なくありません。③はもちろん、外部ベンチャーキャピタルが行います。

このうち、イノベーションを実現するうえで最も効率的なのが②です。まず、投資子会社を設立することで市場やスタートアップに対して本気度が伝わり、アナウンスメント効果が期待できます。さらに、これが重要なのですが、本体と切り離すことでさまざまな干渉から逃れられます。大企業だけではイノベーションが起こせないからスタートアップに投資をするのに、そこに、①のように自分たちの価値観や基準を持ち込んでは何にもなり

[図表3-1]CVCの形態と運用

①本体勘定からの直接投資

②VCの子会社を設立して投資する

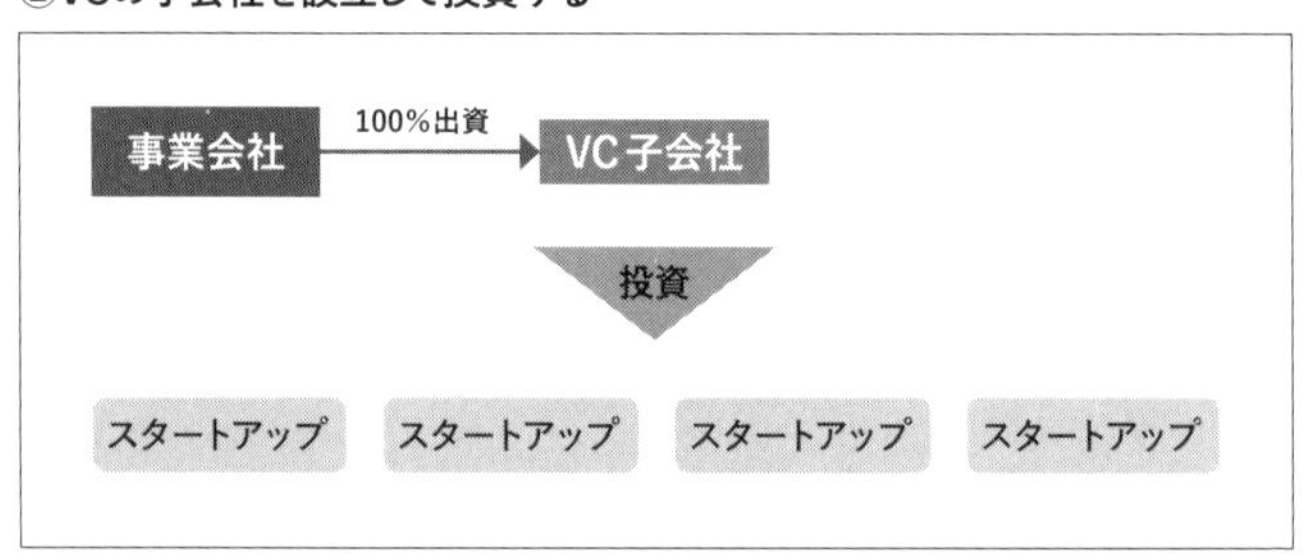

③外部VCが管理運営するファンドに他の投資家と共同で投資する

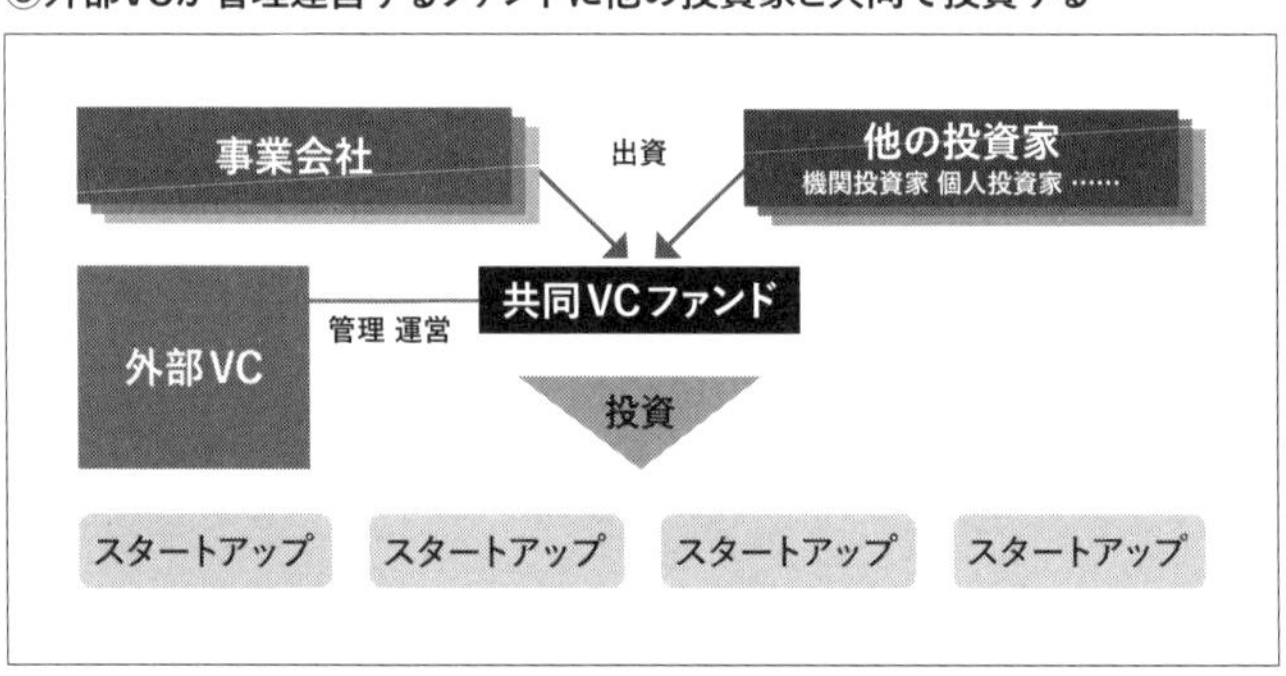

ません。ファンドを設立し、一定額まではＣＶＣの判断だけで投資を行えるようにすることに意味があるのです。

③は独立性の面では優れていますが、「乗合型」なので事業シナジーが期待できる領域に絞って重点的に投資を行うことはできません。ＶＣファンドの主な狙いはあくまでも経済的なリターンにあることを理解せずに投資をすると、思惑が外れることになります。

日本では、②の形態を取るのは全体の４割程度にすぎません。詳しくは追ってお話ししますが、日本のＣＶＣは根本的な部分でイノベーションに不向きな形態になっていることを覚えておいてください。

４割が元本割れという厳しい現実

いま、世界中の大企業がイノベーションを求めてＣＶＣに力を入れています。ＧＡＦＡも例外ではありません。新しいアイデア、未知の才能、革新的な技術を外部から貪欲に取り込み、自社の経営資源と掛け合わせて、次の爆発的成長を生み出す。それ以外に生き残る術がないことを、つい最近まで破壊者（ディスラプター）であった彼ら自身が誰よりも深く理解しているか

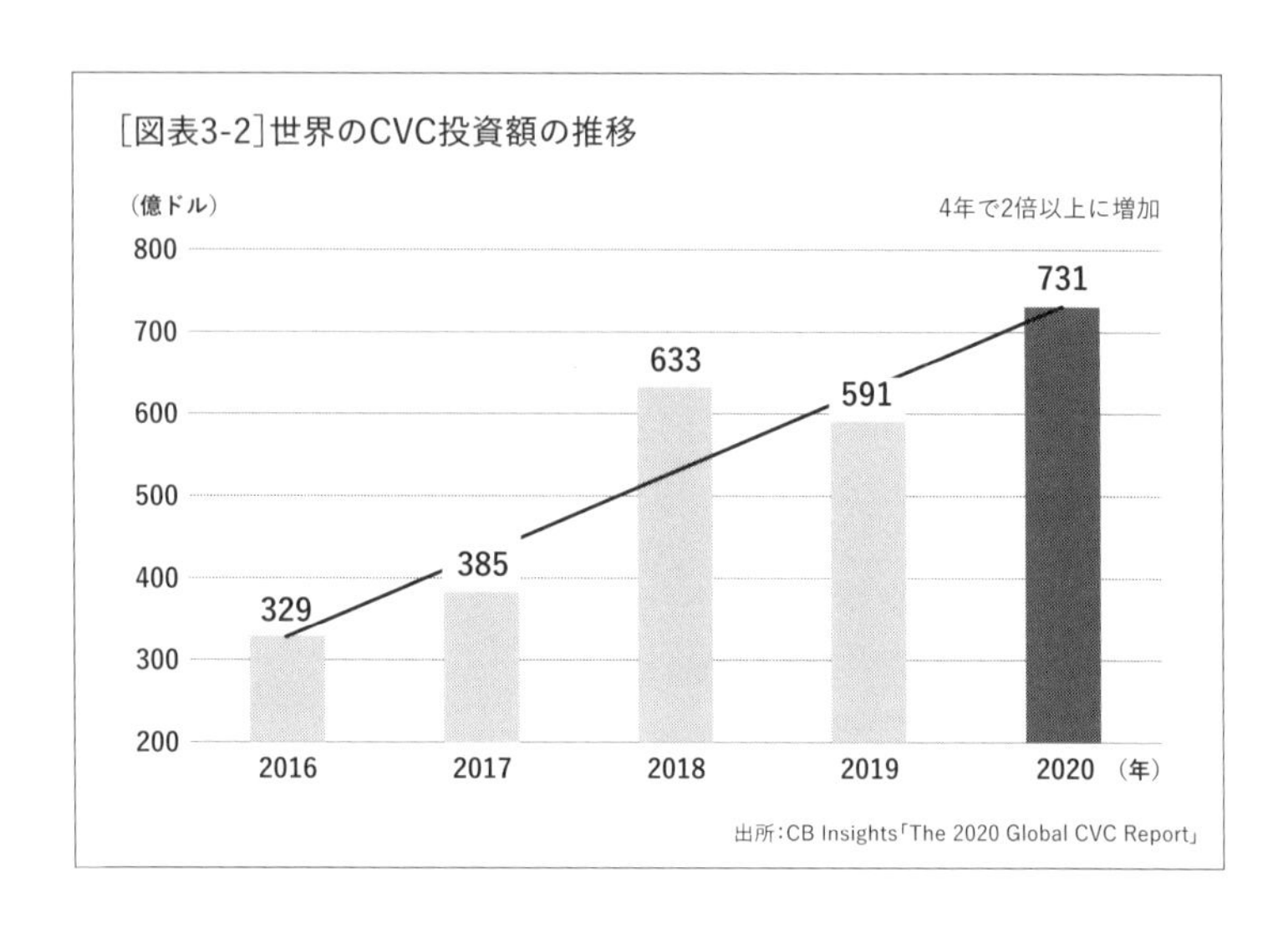

らです。

旺盛な資金需要を持ち、技術や販路開拓などで大企業の力を借りたいスタートアップにも、ＣＶＣからの出資は歓迎されます。イノベーションを必要とする大企業と、成長意欲の高いスタートアップにとって、ＣＶＣは最も合理的な連携手段の１つといえます。

［図表３－２］の通り、グローバルのＣＶＣ投資は拡大の一途をたどり、２０２０年には過去最高の７３１億ドルを記録しました。２０１６年は３２９億ドルだったので、４年間で倍以上に伸びたことがわかります。

この原稿を書いている２０２１年現在、

日本も第2次CVCブームのただ中にあります。第2次というのは、1990年代後半から2000年代前半にかけて、エレクトロニクス産業を中心にCVCの活動が広がったことがあったからです。

ただ、その時は投資した企業側はもちろん、多くのCVCファンドが運用を任せていたVC側にも事業シナジーを生み出すためのスキルやノウハウが不足していたため、大きな成果が得られないままブームは終わりを迎えることになりました。当時設立されたCVCの多くがいまは存在しません。

次に日本でCVCの活動が活発化したのは、2012年頃からです。ヤフー、KDDI、NTTドコモなどが相次いでファンドを設立し、2016年以降はソニーやパナソニックといった大手エレクトロニクスメーカーも、第1次ブームの際の反省を踏まえて、再びスタートアップへの投資を拡大しています。

第1次ブームの時との違いは、CVCの運用を独立系のベンチャーキャピタルに任せ切りにせず、企業みずから主体的に関与しようとするケースが増えている点です。自社のことを一番よく知っているのは自社（のはず）ですし、すべての独立系ベンチャーキャピタ

[図表3-3]日本とグローバルの運用実績の比較

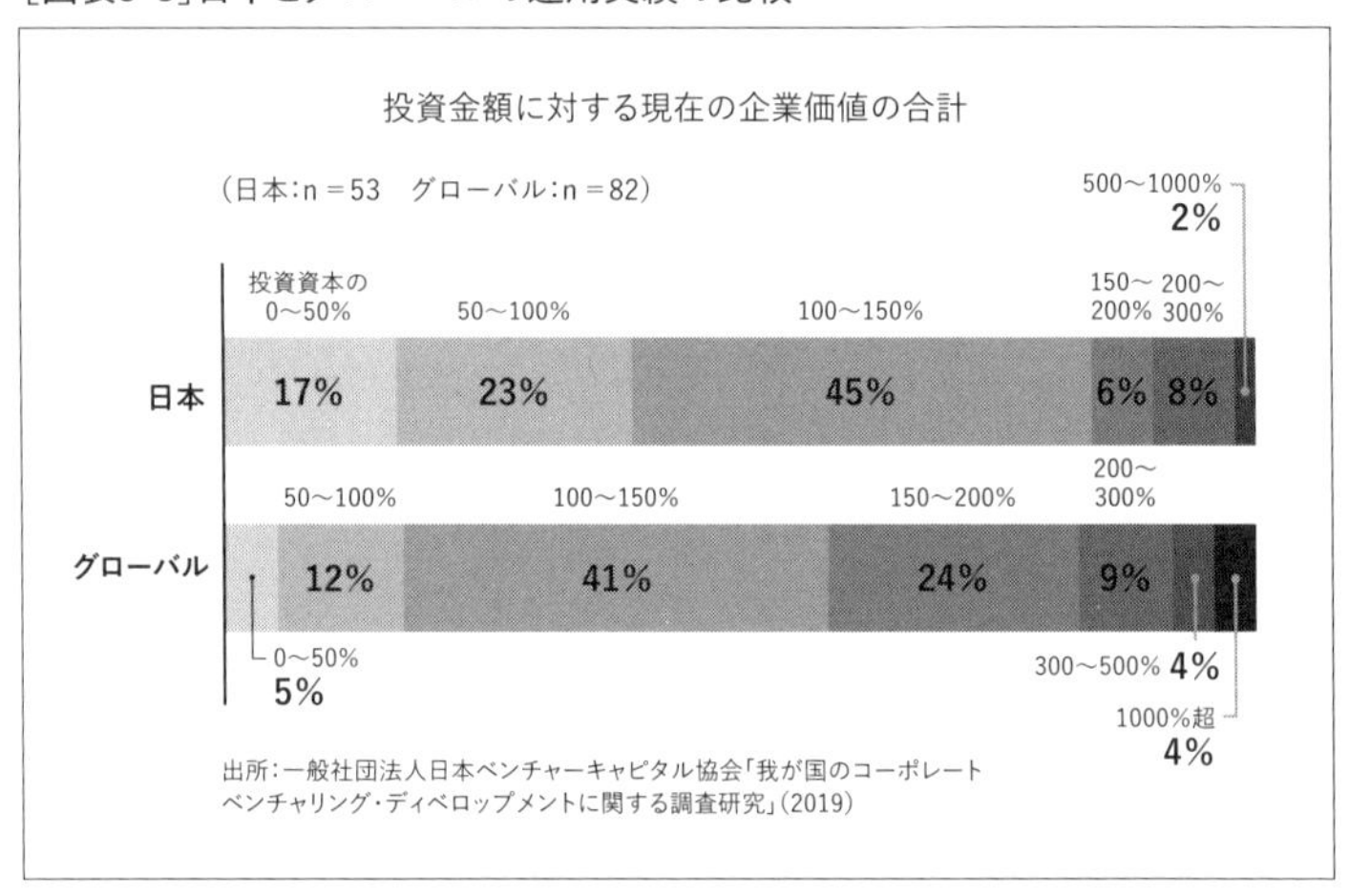

[図表3-4]事業シナジーも生み出せていない日本のCVC

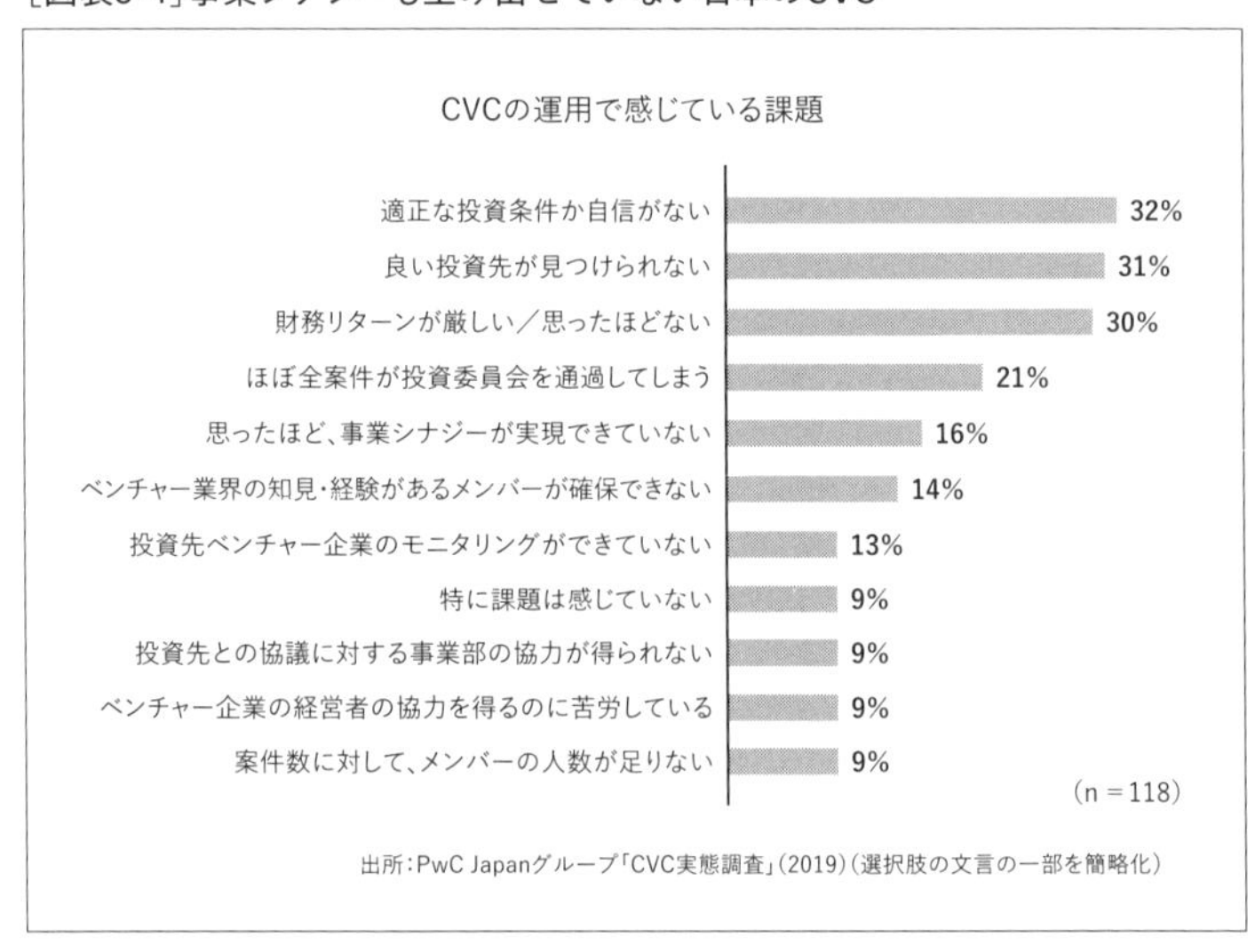

ルが技術や事業開発に長けているとは限らないので、これは一見すると賢明な判断のように思えます。

ただし、自社の事業や周辺の技術をよく知っているだけでは、ＣＶＣを運用し、そこからイノベーションを生み出すことはできません。自社で新規事業を開発するのとは別のスキルやノウハウ、ネットワークが求められるからです。

実際、ほとんどの日本企業のＣＶＣは苦戦を強いられています。［図表３－３］は、日本とグローバルのリターン実績を比較したものです。グローバルでは４割以上のＣＶＣの価値が投資金額の１・５倍以上になっているのに対して、日本では逆に、４割がコスト割れになってしまっています。

グローバルのＣＶＣの多くが金銭的なリターンと戦略的なリターンの両方を追求するのに対して、日本の場合、戦略的リターンつまり事業シナジーを重視する傾向が強いため、一概には比較できませんが、別の調査では、リターンも事業シナジーも期待したほど実現できていないという気になる結果［図表３－４］も出ています。

世界トップ水準のスタートアップとパートナーシップを組むのに成功しているのは、欧米の企業とは限りません。私が拠点とするシリコンバレーでも、グーグル、セールスフォース、インテルのトップ3はもとより、中国のレノボ（Lenovo）やレジェンド・キャピタル（Legend Capital）、韓国のIT大手カカオ（Kakao）やケイキューブ・ベンチャーズ（K Cube Ventures）などが、投資規模の面でも成果においても存在感を示しています。

その一方、日本企業のCVCの多くは苦戦を強いられています。

もちろんトヨタ自動車のような例外もありますが、この章の冒頭で紹介したエレクトロニクスメーカーの担当者のような悩みを抱えているCVCは少なくありません。このままでは前のブームの時と同様に、今回もまた一時の流行で終わり、後に残ったのは損失だけという結果になりかねません。

国内だけでは活路は見出せない

なぜ、日本企業のCVCは思ったような成果を上げられないのか。その理由はこの後1つずつ噛み砕いて解説しますが、ここでは最も初歩的かつ根本的な問題を1つだけ挙げておきます。それは、活動する場を間違えているということです。

日本ではいまだに、もっぱら「国内のスタートアップ」を投資対象とするＣＶＣが多く存在します。海外に関心がないわけではないけれど、まずは国内投資から始めて、ＣＶＣについていろいろとわかってきたところで、初めて海外に展開しようという考え方です。

しかし、前章で説明したことを思い出してください。世界で最も可能性のある起業家やスタートアップの多くは、シリコンバレーに集まっています。産業によっては、それはロンドンやボストン、あるいはロサンゼルスかもしれません。でも、残念ながら東京ではないのです。

こうした状況下で、投資対象を日本に限定する合理的な理由があるとは考えられません。国内投資にこだわる限り、粒よりの候補を数多く見て、その中から最適な投資案件を選び出すのは難しいでしょう。

第１章で米倉教授が述べているように、日本企業に残された時間はそれほど多くはありません。イノベーションという点から見れば、世界では周回遅れになっていると言ってもいいでしょう。それなのにまだ、段階を踏んで一歩ずつなどというのんびりしたことを考えているのならば歯がゆい限りです。

こんなことを言うと気分を害される方もいるかもしれませんが、私ほど日本の企業と技術に思い入れのある外国人はそう多くはないはずです。ここで私の経歴を簡単にお話しさせてください。

私の両親は、私に医者かエンジニアになることを期待していました。私自身、子どものころからメカいじりが好きだったので、将来はその道に進もうと考えていました。

そして、ソニーや松下電器（現パナソニック）の名前を通じて日本の技術力が非常に高いことを知っていた私は、日本で電子工学を学ぼうと、東京工業大学に留学します。その後、オクラホマ大学で修士を取って、IBMに就職し、並行して首都大学東京（現東京都立大学）で博士号を取得しました。

私のベンチャーキャピタリストとしての強みは、技術とビジネスの両方に通じていることだと自分では理解しています。このうち技術に関する土台をつくるうえで、日本での学びが大きな役割を果たしたことは間違いありません。

就職したIBMではニューヨークでエンジニアとして働いていましたが、すぐにビジネスの適性もあると評価され、M&Aや事業開発などに携わるようになります。その後、シリコンバレーに移り、ここで事業開発のために数多くのスタートアップと接するうちに、大手企業が新しいアイデアやビジネスモデルを取り入れたり、自社の製品や技術を磨き込むためにはスタートアップの力が欠かせないことを痛感します。これがのちのベンチャーキャピタル設立につながりました。

このように私のキャリアのベースには、東京、ニューヨーク、シリコンバレーで学んだことや経験したことがあります。そしてベンチャーキャピタリストとしての活動の根っこには、少年時代に憧れた高い技術力を持つ日本企業に、もう一度輝きを取り戻してもらいたいという思いがあります。ですから私の言葉を、外国人が上から目線で何か言っているなどと思わないでいただきたいのです。

あらためて伝えたいことは１つ。日本国内でぬるま湯に浸かっている余裕はありません。いますぐに慣れ親しんだ環境から飛び出し、異質な相手と組む決断をしてください。

しかし、その一方で、多くの日本の大手企業がシリコンバレーに人を送り込み、オフィスを置き、そして十分な成果を上げられずに悩んでいるのも事実です。なぜこうしたことが起きるのか、どうすれば同じ過ちを犯さずに済むのか。それを理解するために、まずシリコンバレーへの進出パターンを整理しておきましょう。

とりあえずシリコンバレーへ、という落とし穴

日本企業がシリコンバレーに進出するパターンには、次の6つがあります。このうちのいくつかを同時に行うこともあるし、同じパターンでもファンドを設立する場合もあれば、しないケースもあります。1つずつ詳しくご紹介しましょう。

①人を派遣する

長期出張の形で社員を送り込む。新規事業を開発しろ、イノベーションを起こしてこいと言われて送り出されるが、本社からのサポートはほとんど受けられない。放り出された格好の彼らは、コワーキングスペースなどを利用しながら手探りで活動をするが、もともと事業開発や投資の経験が乏しいうえに、現地では出張者やお客さんとして扱われるので、シリコンバレーのインナーサークルにはなかなか入り込めない。

主な仕事は、出張で来る本社の偉い人をもてなすこと。グーグルやフェイスブックの本社にも案内するが、特別なコネクションもないので社会見学の域を出ることはない。それでも、「これで日本に帰って土産話ができる」と満足気な上層部の様子を見て、次のアテンドはもっと頑張ろうと間違った方向のモチベーションが高まる。

それでも何とか2～3年頑張って、ようやく現地の基本的なことを理解して、人脈も少しずつ広がり始めた頃に帰国命令が出る。十分な引き継ぎもできないまま、次の長期出張者がやってくる。

②拠点を置く

駐在員事務所などを開設し、数人の社員を送り込んだり、現地で人を採用したりする。①と比べて意欲は感じられるが、本社のサポートがほとんどない点は変わらない。

その一方で、なまじ日本の大手企業の名前が全面に出るために、スタートアップからは敬遠されることもある。たとえば、相手が同じIT関連の場合、スタートアップは自分たちのコンセプトや技術を盗まれるのではないかと警戒するのが一般的である。

その結果、めぼしいスタートアップと投資に関する具体的な話をする機会はほとんどなく、インナーサークルのプレーヤーであればまず手を出さないような案件を日本の本社に上げてしまう。

稀に良い案件を上げても、本社の側にそれを受け取って検討する体制が整っていないので、時間がかかりすぎたり、追加の情報をあれこれ求められたりして、スタートアップをげんなりさせる。こうして日本とシリコンバレーの両方で、少しずつ信用を失っていく。

駐在員たちは、日本でも現地でも自分たちは無視されている、正当に評価されていないという不満をため込むようになる。その結果、シリコンバレーでの経験を高く買ってくれる別の日系企業に転職するケースも少なくない。

③現地コンサルタントを活用する

シリコンバレーで実績がある（という触れ込みの）コンサルタントと契約し、新規事業開発のコンサルティングを依頼する。コンサルタントの多くは日本人で、現地に長く住んでいるので、言語や文化の問題はない。ただし、居住者であれば全員がインナーサークルに入れるわけではなく、むしろ「外の人」であるケースがほとんど。

コンサルタントは1人または多くても数人で活動しているが、できるだけ多くの日本企業と契約したいと考えるので、１人当たりいくつものクライアントを担当することになる。その結果、１社に割ける時間が減り、クライアントに対する理解も不十分なため、満足な成果が得られない。

そもそも、良い案件に出会うためにはできるだけ多くのスタートアップと面談することが重要で、年間何千件も会って、そのうち１件と提携できれば良いほうだと考えなければならない。そのためには専門スタッフも必要なので、数人規模で運営するのはそもそも無理があると言わざるをえない。

④現地のベンチャーキャピタルに投資する

本場のスタートアップ投資の状況を知りたいという目的で、シリコンバレーに拠点を置くベンチャーキャピタルファンドに、数億円から多ければ数十億円規模で出資する。

お金さえ出せば自分たちは何もしなくていいので、人材も経験もノウハウも必要ないが、裏を返せば、出資を通じてそうした無形資産の価値を高めることが難しい。出資企業の社員をシリコンバレーの事務所に受け入れるベンチャーキャピタルもあるが、「お客さん」扱いされるので、大きな成長は期待できない。

ファンドからスタートアップへの1件当たりの投資額は少額になる傾向があるため、スタートアップにとっては数ある出資者の1社にすぎない。その結果、協業はもとより、期待したような情報が入手できないことも珍しくない。

最大の問題は、出資企業とベンチャーキャピタルの目的の食い違いにある。企業は主に新規事業の創造や既存事業の強化を目指すのに対して、ベンチャーキャピタルは経済的リターンの最大化を目的とする。ベンチャーキャピタルとしては、運用成績が良ければそれで本来の役割は果たしたことになるが、たくさんの投資案件を紹介してもらえると期待していた出資企業の思惑は外れる。

そもそも、エレクトロニクス、エネルギー関連、重工業、小売、金融・保険、不動産、鉄道など、多様な業種の企業が出資するファンドで、事業シナジーを期待するのは現実的だろうか。たとえばメディア関連事業を強化しようと思えば、その分野を得意とするベンチャーキャピタルファンドを選ばなければならないはずだが、なぜかヘルスケア関連に重点投資するファンドに出資しているというような不思議なケースもある。

⑤大学や関係機関から学ぼうとする

大学やその関係機関からシリコンバレーについて学んで、スタートアップ投資にまでつなげようという、好意的に見れば効率的な、率直に言えば安易な考えに基づき、大学が運営するインキュベーターやアクセラレーターに資金を出して、企業パートナーなどの形で関係を持つ。企業パートナーになれば、インキュベーターやアクセラレーターのオフィスに顔を出せるので（運営に参加できるわけではない）、スタートアップとの交流を目的にせっせと通う駐在員もいる。

ただし、こうしたインキュベーターやアクセラレーターは規模がそれほど大きくないため、プログラムに参加するスタートアップの数は限られる。大学が提供するコンサルティングを受けるケースもあるが、こちらも紹介されるスタートアップは限定的で、投資案件の量とバラエティが圧倒的に不足する点は変わらない。

一部の社員は、スタンフォードやバークレーにいた（卒業したわけではない）という経歴を手に入れることで転職市場での自身の価値をアップさせ、企業価値の向上には貢献できないまま新たな職場に移ることもある。

⑥インキュベーション施設の企業パートナーになる

シリコンバレーでは2000年以降、インキュベーション施設が続々と誕生した。インキュベーターのプログラムに参加するスタートアップだけが入居するオフィスや設備の提供を主体にしながらピッチコンテストなどのイベントを定期的に行うところ、単純なコワーキングスペースに至るまで、一口にインキュベーション施設と言っても内容はさまざまである。

誰でも入居できるコワーキングスペース以外に社員を送り込ませたい場合は、⑤の大学のところで説明したようにインキュベーション施設の企業パートナーになるという手がある。インキュベーターがふるいにかけたスタートアップについて知り、投資の機会を探ることができる。

ただし弱点も⑤と同様で、見られるスタートアップが非常に限られているのが最大のネックとなる。どちらもシリコンバレーについて理解を深め、最初の一歩を踏み出す方法としては適しているので、1990年代であれば悪くはない選択肢だったかもしれない。

しかし問題は、いまが2020年代であるということ。喉から手が出るほどイノベーションを必要としているのに、これほど悠長なことをしている余裕はないはずだ。

高望みがミスマッチを引き起こす

少し意地悪な書き方をしてしまいましたが、いま挙げた6つのパターンそのものに根本的な問題があるわけではありません。

現にサムスンは、シリコンバレーにオープンイノベーションの拠点を置き、韓国から大量の社員を送り込むと同時に、現地の優秀な人材を積極的に採用し、大学や研究機関と連携を深めながら、成果を上げています。

その体制は以下のようなものです。シリコンバレーのほか、ニューヨークでもアクセラレータープログラムを展開。サムスン・ベンチャーズ（Samsung Ventures）、サムスン・カタリスト（Samsung Catalyst）、そしてサムスン・ネクスト（Samsung Next）の3つのCVCファンドを通じて、積極的に投資活動を行ってきました。

スタートアップ情報サービスのピッチブック（PitchBook）によれば、これまでに計633社へ投資し、うち198社をイグジットさせています（2021年5月時点）。その結果、自社製品の品質向上に留まらず、自動車関連やフードテックなどの分野に進出するなど、事業領域を拡大させているのは、皆さんご存じの通りです。

サムスンほど大規模な投資を伴う取り組みをしていなくても、先に挙げた6つの進出形態を組み合わせることで、シリコンバレーにおけるオープンイノベーションに成功しているケースは数多く存在します。ただし、その多くはアメリカ国内の企業で、次にヨーロッパや中国などのアジア勢が健闘しています。

その中で、なぜ日本企業の苦戦が目立つのか。私は、日本企業の要求水準の高さが災いしていると考えます。

「こんな危なっかしいものは、うちでは扱えません」

誰も思い付かなかったアイデアで、可能性に満ちているけれど、技術面ではまだ課題が残る。そんなスタートアップに対して、日本企業の方がよく口にする言葉です。

自社はもちろん、サプライチェーンに連なる企業も、高い技術力やオペレーション品質を誇るところばかりなので、生まれたばかりの技術が「おもちゃ」のように見えてしまうのでしょう。

世界一、品質にうるさい日本の市場を主に相手にしてきたせいもあります。いくらリーンスタートアップだ、顧客の反応を受けて改良を重ねろと言われても、中途半端なものを出してせっかく築き上げた評判を落としたくない。本音のところでは、そんなふうに考えているのかもしれません。しかし、こうした姿勢はスタートアップとは対極に位置するものです。

結局のところ日本企業の多くは、誰が見ても文句のつけようのない技術やアイデアを持つスタートアップを求めているのかもしれません。実際、そういうスタートアップもごく稀に存在します。ただし、彼らが希望するのは日本企業ではなく、たとえばＧＡＦＡとの連携です。

つまり、求めているスタートアップのレベルとアプローチ方法が合致していないため、望むような高水準のスタートアップには手が届いていないのが現状です。だからシリコンバレーにいる担当者が本社の事業部につないでも、まともに相手にされなかったり、出資をする場合でもごく少額に留まるといったことが起こります。

先の６つのパターンで手が届くのは、凡庸な、それもごく少数のスタートアップだけだという現実に目を向けるべきでしょう。これらのパターンから脱却しない限り、世界のスタートアップが日本企業をパートナーに選んでくれる可能性は低いままです。

弱さを知って変革を呼び起こす

ペインポイント14の課題

では、日本企業に優れたスタートアップと連携するチャンスはないのでしょうか。いいえ、そんなことはありません。ただし、そのためにはＣＶＣモデルを変革する必要があります。イノベーションの現実解としてのＣＶＣモデルの採用です。

私から見て、日本企業のＣＶＣがうまくいっていないのは必然の結果に思えます。そこで「日本のＣＶＣのペインポイント」を整理してみたところ、14項目にもなってしまいました。とりあえず１つずつ説明した後で、その背景にある原因を探っていくことにしましょう。

①国内ばかりに目が向いている

繰り返しになるが、前述した通り、ほとんどのＣＶＣが国内のスタートアップを主な投資対象としている。日本にはスタートアップ企業そのものが少ないうえ、最も可能性に満ちたスタートアップはイノベーションの聖地であるシリコンバレーに集まるため、国内だけでは最高の投資案件を発掘できる確率が低くなってしまう。

国内にこだわるせいで、少なくても数十億円、多いものでは数百億円を拠出しても、納得できる投資先が見つからないという状況に陥ることも珍しくない。その結果、自社の事業とそれほど関係がなく、シナジーも期待できないスタートアップに出資してお茶を濁すといった、本末転倒と言わざるをえない事態も生じる。

②投資目的が曖昧

経済的リターンを求めるのか、事業シナジーを目指すのか、それとも両方狙うのか、投資の目的がはっきりしていない。もちろん、どれが正解で、どれが間違いというような単純な話ではない。

たとえばグーグル系のＧＶは経済的リターンを主眼に投資して、その中から提携やＭ＆

Aの可能性を検討する。一方で、インテルキャピタル（Intel Capital）はあくまでも事業シナジーを主な狙いとし、セールスフォースがその中間と、世界のCVCトップ3も三者三様の姿勢を持つ。重要なのは、投資の目的やスタンスが明快に定められていること。

また、一口に事業シナジーと言っても、新規事業を開発するのか、市場を開拓するのか、技術を獲得して既存事業を強化するのか、さまざまなパターンがある。連携の形態も、提携に留めるのか、案件によっては買収する可能性があるのかなど、本来なら事前に明確にしておくべきことが、日本のCVCでは何も決まっていないことが多い。

きちんとした方針が示されないまま案件発掘やスタートアップとの交渉に当たる担当者はそのつど上層部に伺いを立てなければならず、時間とエネルギーを浪費する。

③投資先の選定基準も曖昧

何のための投資かはっきりしていないので、当然ながら何を基準に投資を行うかも定まっていない。案件発掘（ソーシング）、投資対象の調査（デューデリジェンス）、意思決定のそれぞれの段階で、投資基準をあらかじめ明確に定めておく必要があるが、このすべての段階でほとんど何も決められていないケースも見受けられる。

たとえばソーシングの段階において、領域、技術、サイズ（企業規模）などに関する具体的なイメージがなく、国内だけか海外も含めるかといった基本的なことが議論されていないこともある。ただベンチャー投資をすることだけが目的化してしまっている。

④リードインベスターになれない

リードインベスターとは、対象となるスタートアップの資金調達において主導的な役割を担う投資家のことで、資金だけでなく事業開発の面でもさまざまなサポートを行うのが一般的。

スタートアップの成長に深く関わることで、経済的にも事業シナジーの面でもより大きなリターンが期待できる。その一方で、最も早い段階から出資するため、投資対象を見極める目が求められる。

日本のＣＶＣは独立系ベンチャーキャピタルなどが投資した後に、遅れて、それも少額を投資するフォロワーになるケースが多い。そのためリスクは抑えられる半面、スタートアップに及ぼす影響力も限定的となる。スタートアップからは受動的な投資家と見なされるため、のちに提携やＭ＆Ａの話が出てもなかなかうまく進まない。

こうした投資行動の背景には、ＣＶＣがどんなものか、他社はどんな投資をしているのか、実践を通して学習したいという考えがある。あくまでも様子見なので、本気の投資をするつもりはない。

⑤元本割れを何としても回避しようとする

本体企業もＣＶＣの担当者も、投資元本を回収できないことを最も恐れる。もちろん元本割れは避けなければならないが、そのためにベンチャー投資であれば当然のリスクを取ることもできないのは本末転倒と言わざるをえない。それでも元本割れしてしまうファンドが少なくないのは皮肉である。

⑥意思決定ができない＆時間がかかる

良い投資案件があっても、意思決定と承認のプロセスがあらかじめ決まっていないので、時間がかかりすぎる。仮にそうした仕組みが整備されていても、そもそも決定権限者に「投資すべきかどうか」を判断するナレッジがないこともある。

親会社を持たない独立系のベンチャーキャピタルの場合、経験豊富な数人のパートナーによる意思決定機関が迅速に判断するため、投資先候補がバッティングした場合も、後れを取るようなことはない。

⑦スタートアップに対する継続的な支援ができない

スタートアップは成長のステージごとにさまざまな支援を必要とする。特に欠かせないのが追加の資金調達だが、この段階で機動的な対応ができないCVCが多い。投資したスタートアップが順調に成長しているのかどうかきちんと評価できず、追加投資によるリスクが高まることへの警戒がある。

これに対して独立系のベンチャーキャピタルは、仮に自分たちが追加投資を行わない場合も他のベンチャーキャピタルを紹介して増資につなげる。他のベンチャーキャピタルにとっても、リードインベスターであるベンチャーキャピタルの目利きを前提にできるので、投資しやすいという利点がある。

CVCの担当者は出向者が多く、2~3年のローテーションで本体に戻ってしまうため、人的な面でも1つのスタートアップに継続的な支援ができないという問題がある。

⑧スタートアップの事業拡大をサポートできない

スタートアップは事業拡大のためにビジネス面での支援も必要とする。名もない小さな企業が提携先を見つけたり、市場を拡大したりするうえで、大企業の後押しは大きな意味を持つが、ＣＶＣには他社につなぐ裁量が与えられていないことも多く、スタートアップを失望させる。

実際は、投資すること自体はそれほど難しいことではない。投資後のモニタリングとサポートにこそ、ベンチャーキャピタルとしての実力が出る。

⑨スタートアップとの連携につながらない

事業会社を母体とするＣＶＣの場合、最大の目的はスタートアップとの連携により、自社にイノベーションを起こすことだろう。ただ、これを実現しているケースはけっして多くはない。伝統的な大企業とスタートアップでは、企業文化も仕事の進め方もまったく異なるが、その違いを受け入れることができず、本格的なコラボレーションにはなかなかつながらない。

⑩M&Aの経験が乏しい

もちろん、なかにはコラボレーションがうまくいくケースもあるが、いざ合併吸収するとなると、また別のノウハウが必要となる。本体企業にM&Aの経験が乏しいと、契約に手間取ったり、PMI（買収後の経営統合）がスムーズに進まず、価値ある情報や人材がスタートアップから流出するなどして、企業価値の低下を招くおそれもある。

⑪イグジットができない

出資したスタートアップを最終的に自社に取り込まない場合、IPOまたは第三者へのM&AによってCVCはイグジットするが、どちらの確率も実はそれほど高くはない。つまり、資金を回収できないということになる。

⑤のような元本割れを回避するためにも、自社で合併吸収することが難しい場合、ほかに良い買い手を見つけて譲渡につなげる必要があるが、そのためのノウハウとネットワークを持つCVCはほとんど存在しない。

⑫人材がいない

ＣＶＣを運営するのは一般事業会社の社員がほとんどで、たいていの場合、それまでにベンチャーキャピタルで仕事をした経験も、みずから起業した経験もない。これでは、投資もスタートアップのサポートもうまくいかないのは当然だろう。

外部から投資銀行やＭ＆Ａアドバイザリーの経験者を採用する動きもあるが、日本の伝統的な企業とは報酬体系が大きく異なるのがネックになっている。

ちなみに、欧米のＣＶＣのほとんどはパートナー制を導入しており、パートナーは給与のほかにキャピタルゲイン（投資額と売却額の差額）に応じた利益配分を受けられる。そのため日系のＣＶＣファンドは、プロフェッショナル人材の獲得競争において苦戦を強いられる。

⑬担当者のモチベーションが上がらない

最初はやる気に満ちていたのに、しばらくすると意欲を失ってしまう担当者が多い。なかなか結果が出ないうえ、本体からは異邦人扱いされて孤立感を深めてしまう。それに追い討ちをかけるのが、成果報酬どころか日本企業にいまだに多い減点主義の人事評価制度。ある程度のリスクを取って挑戦するよりも、ババを引かないように気をつけようというマインドセットになるのは仕方がないだろう。

⑭本体のバランスシートから投資している

実は、日本のみならず世界的にも、CVCの3分の2程度が本体のバランスシートから投資をしているという現実がある。しかし、これはあまりにもリスクが大きいスキームと言わざるをえない。なぜかといえば、スタートアップとの間で訴訟などのトラブルに発展した場合、本体にじかに影響が及ぶ可能性が高いからである。

ファンドをつくって勘定を切り離すことにより、出資額を超えて第三者に対して損害賠償責任を負うリスクは大幅に軽減される。1件ごとの投資額はそれほど大きくないので、回収できなくても業績に大きな影響は出ないと考えて本体勘定で投資をすると、思わぬところからリスクが拡大するおそれがある。

弱点解消の先に未来が拓く

たくさん並べてしまいましたが、ベンチャー投資に少しでも携わった経験のある方であれば、思い当たる節があったのではないでしょうか。14のペインポイントの原因を突き詰めていくと、次の4つの点が浮かび上がります。

1つ目は、ナレッジと人材の不足です。

CVCを成功に導くうえでは、さまざまな分野の専門家で構成されるプロフェッショナル集団が不可欠です。しかし日本のCVCの場合、事前に行う投資領域の選定からポートフォリオの策定、投資判断、スタートアップに対するハンズオンの支援、イグジットまでのあらゆる段階で、知識と経験が不足しているケースがほとんどです。

これは当然といえば当然で、一般的な事業会社には、ベンチャーキャピタルの運用経験者やM&Aアドバイザリー業務の経験者は、普通はいません。さらに伝統的な大企業では、入社する段階で会社はすでに十分に大きいため、自分の手でまったく新しい事業を立ち上げて成長させた経験がない社員が大多数を占めます。

そこで外部から中途採用を検討することになりますが、年功序列の色合いが強く残る報酬制度が障害になるケースが少なくありません。雇用せずに、業務委託契約などの形で部分的に外部人材を活用する方法もありますが、その場合いつまで経っても社内の人材が育たず、ナレッジも蓄積されないという困った事態が生じてしまいます。

ジョブローテーションの短さも問題です。ベンチャーキャピタル業務は高度な専門性が要求される仕事ですし、シリコンバレーのインナーサークルに代表されるような特定のコミュニティの一員であるかどうかで、入ってくる情報の質や量、交渉力がまったく異なります。実際、インテルキャピタルなどの有力CVCでは、何十年もこの道一筋というプロが、インナーサークルの中核メンバーとして活動し続けています。こうした強者たちに、2〜3年でくるくると入れ替わる駐在員の方が対抗するのは無理があるでしょう。

また、すでにお話ししたように、CVCは投資して終わりではありません。シナジーを生み出していくためには、事業部を巻き込みながら投資したスタートアップを大きく育てていく必要があります。

ただ、経営企画や財務部門出身のCVC担当者は、ビジネスサイドの人たちを巻き込むことがあまり得意ではありません。では、事業部出身ならばどうかといえば、こちらも出身部門以外では苦戦するようです。日本企業の部門意識の強さが、こんなところにも表れてしまっているのかもしれません。

事業部が目の前の事業を何とかすることで手一杯なのは当然でしょう。ですから、CVCの担当者はスタートアップと協業することで既存事業にどんな新たな価値がもたらされるのかを、イメージしやすい形で見せなければなりません。「CVCの顧客は、第一に社内である」ことを理解した人材が求められます。

課題の2つ目は、投資の基本的な方針がきちんと定まっていないことです。何を目的に、どの領域を対象にソーシングするのか、投資判断は何を基準にするのか、どんなイグジットを目指すのか、CVCのKPIをどのように設定するのか……。事前に決めておかなければいけないことがたくさんあります。

誰でも名前を知っているような大企業が、こうした点のほとんどを曖昧にしたままCVCを立ち上げて運営をスタートしているなんて、誰が信じるでしょう。でも、それが現実です。

なかでも深刻なのが、意思決定に関わるプロセスと権限の曖昧さ、そしてそれによってもたらされるスピード感の欠如です。ポジションごとに決裁権限の有無と限度額が決められているのが本来のあるべき形ですが、明確なルールがないため、少額の案件でも本社の判断を仰ぐ必要があるCVCも少なくありません。

同じ投資規模でも領域によっては、事業部の詳細な技術評価のために、投資委員会で審議されるまでに時間を要することもあります。特に主力事業ではその傾向が強く、時には事業部の協力が得られなかったり、干渉が入ったりすることもあります。これでは、イノベーションの芽をみずから摘んでしまうようなものでしょう。

こうした大企業の社内事情に付き合わされるスタートアップも、たまったものではありません。魅力的な投資対象であればあるほど、逃げられる可能性は高まるでしょう。経営層のコミットメントの下、スピーディに意思決定できる一貫した仕組みを構築しておくことが必要です。

課題の3つ目は、コスト割れを過度に恐れて、リスクを取れないマインドセットです。ベンチャー投資はもともとハイリスク・ハイリターンの性質を持ちます。それなのに、ほどほどのリターンでいいから、元本割れだけは何としてでも回避したいと考えるのは本末転倒と言わざるをえません。

もちろんファンド全体でコスト割れにならないようにポートフォリオを組むわけですが、あのグーグルやフェイスブックでさえ、１件ずつで見れば損することだっていくらでもある。それがベンチャー投資です。

なぜそこまで失敗を恐れるのかといえば、１つは、ベンチャーを継続的に支援して、成長させ、イグジットする力がないからです。この点については先の⑪で述べたのでここでは繰り返しませんが、それに加えてもう１つ思い当たるのが、過去のベンチャー投資ブームの時のつまずきです。

戦略性もなく投資してみたものの、大きく育てることも、うまくイグジットさせることもできずに、たくさんのスタートアップを終わらせてしまった。当然ながら、投資したお金は戻ってこず、損失を計上した苦い記憶が、過度のリスク回避につながっているのだと考えられます。

特に、経営層の過度に保守的な姿勢は、ＣＶＣにとっては致命的です。２期４年の任期を無事に過ごすことを第一に考えるトップであれば、あえてリスクを取って、自分の退任後に花開くかもしれない可能性に賭ける理由はありません。

こうしたトップの意識は、社内の上から下まで広く、深く浸透します。挑戦より守り、未来よりも足下という文化やマインドセットが、日本のＣＶＣが正しいリスクを取れない一因になっています。

一方、一定の額を決めて、その範囲内であれば自由にやらせるという一貫した姿勢があれば、社内の空気はおのずと変わり、イノベーションに向けて大きく前進することができます。問われているのは、ほかでもない経営層の本気度です。


そして、課題の４つ目は、グローバル展開力の弱さです。日本のＣＶＣの多くは、国内にだけ閉じて投資することで、大きな可能性を秘めたスタートアップをみすみす見逃しています。

ただ、これについては、拠点を置いて人を送り込めばいいわけではないことは、シリコンバレーへの６つの進出パターンのところで確認した通りです。一朝一夕に体制を整えられるものではないので、外部のパートナーを活用するのが賢明でしょう。その具体的な方法については、次の第４章でお話しします。

さて、日本のＣＶＣの残念な点を並べるのは以上でもうおしまいです。課題がはっきりしたということは、すでに解決に向けた準備が１つ整ったということ。後はイノベーションを貪欲に求めて、着実に手を打つだけです。

そしてそれは、日本の皆さんだけでなく、世界中のスタートアップが期待していることでもあります。意外に思われる方もいるかもしれませんが、多くの起業家が日本企業の技術力、組織力、信頼性、そしてもちろん資金力に大きな期待を寄せています。

スタートアップを厳しく選ぶのと同時に、自社との連携がスタートアップにとって最良の結果をもたらすことを説得力をもって示すことができれば、日本のＣＶＣはまったく新しいステージに上がることになるでしょう。

それでも世界は日本を待っている

世界のスタートアップが日本を求める理由

ペガサスには毎年5万を超すスタートアップからのアプローチがあり、約5000人の起業家にインタビューしますが、その全員が日本企業とのコラボレーションに熱い意欲を持っています。もちろん彼らは、私が日本企業と世界のスタートアップとをつなぐベンチャーキャピタリストであるのを知っているので、多少は割り引いて考えなければなりません。でも、まるで日本の会社との協業など視野に入れていなかったような起業家でも、私の話を聞くとたいてい強い興味を示してくれます。

私のプレゼンテーションがうまいから？　それも少しはあるかもしれませんが（笑）、最大の理由は、日本企業の持つポテンシャルを十分に理解しているからにほかなりません。

日本の会社と組むことが、自分たちが飛躍するための極めて魅力的な選択肢であることを、賢明な彼らは理解しているのです。

世界のスタートアップが日本の大手企業に期待を寄せる理由は、大きく次の４つです。

１つ目は、何と言っても、技術力の高さです。アイデアやコンセプトが優れていても、実際に形にできなければ、まさに絵に描いた餅。触ることも、食べることもできません。１つのアイデアを実現するには、基礎研究の成果から生産技術、知的財産などの多種多様なリソースを必要とします。それを高い水準で提供できるのが、日本の大企業なのです。

２つ目は、組織の強さです。日本のＣＶＣが出遅れていることは事実ですが、いったん覚悟を決めて本気で取り組めば瞬く間に学習し、一気に世界の先頭に躍り出る可能性が十分にあると彼らは考えています。かつて驚異的な経済成長を実現するのに貢献した統率の効いた組織力は、スタートアップにはないものであるからこそ、彼らにとって異質な強みとして魅力的に映るのでしょう。

3つ目は、日本という国、そして日本の大企業に対する信頼です。第1章で米倉教授が述べていた通り、日本にはこれまでの国際貢献や技術貢献などで培った高い信頼があり、世界に良い影響を与える国としてのイメージも保ち続けています。知的財産の取り扱いや契約に関しても、国際ルールを遵守しているので、どこかの国のように強引な振る舞いをすることはありません。

それに加えて、やると約束したら簡単に方針転換などしないという安心感が日本企業にはあります。アメリカの企業の場合、CEOが交代するとガラリと戦略を転向したりすることが往々にしてあります。相手の都合で簡単に約束を反故にされたり、方針転換されるのを恐れるスタートアップにとって、経営の継続性は重要な関心事です。

4つ目は、日本市場への期待です。縮小しているとはいえ、人口1億2500万人の成熟した市場は世界でも十分に存在感があります。アジア各国における日本企業のブランド力を考えれば、日本を足がかりに成長著しいアジアの市場にリーチできるのは大きな魅力といえます。

ＣＶＣモデルを変革する時が来た

現に、日本企業のＣＶＣの中にも、シリコンバレーでも成功を収めているとされるケースはあります。たとえば、トヨタ自動車です。

トヨタＡＩベンチャーズは、自動運転の分野で世界トップクラスのベンチャーキャピタルですし、その親会社に当たるトヨタ・リサーチ・インスティテュートは、ＡＩ界のカリスマと呼ばれるＣＥＯのギル・プラット博士をはじめとする一流の人材を集めて、スタンフォード大学やＭＩＴなどとの技術連携や人材獲得で目覚ましい成果を上げています。

そのほかにも、ドローンを使った３Ｄマッピングの技術を持つスカイキャッチに出資したコマツや、人型ロボットによるバイクの自動運転を成功させたヤマハ発動機などの名前が、成功例としてはよく挙げられます。

ただ、トヨタを除くと、必ずしも継続的に成果が出せているわけではないという見方もあります。実証実験には成功したけれどビジネスにはつながらなかったり、ＣＶＣの核となる人材が他社のＣＶＣに移ってしまうケースもありました。

一時的に成功を収めたように見えても、本社の次の成長を支えるような事業に育ったわけでもなく、いくつかの投資を通じて蓄積されたはずのナレッジも人材とともに流出してしまうのであれば、ＣＶＣとしての本来の目的を果たしているとはいえないでしょう。

これ以上、日本企業に期待する世界のスタートアップを待たせるべきではありません。素晴らしい可能性を持ちながら、それが活かし切れていないのであれば、意識と行動を思い切って変革する必要があります。既存のＣＶＣモデルの「グレートリセット」が求められているのです。

シリコンバレーにおけるサムスンのプレゼンスは高いと前述しましたが、彼らが成果を上げているのは主に家電の領域です。しかし、現在のイノベーションの主流はＡＩやヘルスケアに移っています。そして次の10年には、さらに新しい可能性が生まれるでしょう。

このようにテクノロジーの潮目が変わる時に、メインプレーヤーの顔ぶれがガラッと変わることは珍しくありません。このタイミングを逃すことなく、スタートアップとともにイノベーションを起こすことができれば、日本の失われた30年を取り戻せる可能性は十分にあります。

では、どうすれば日本のＣＶＣモデルが抱える課題を解消し、イノベーションにつなげることができるのか。その答えを次章で示したいと思います。

第4章

最強のパートナーシップを築く

アニス・ウッザマン 著

ペインポイントを克服する

4つの課題解決に必要なこと

第3章では、日本のCVCの残念な点を4つに整理しました。

①ナレッジと人材の不足。
②投資の基本的な方針が定まっていない。
③元本割れを過度に恐れてリスクが取れない。
④グローバル展開力の弱さ。

裏返せば、この4つのペインポイント、つまり課題を解決すれば、日本企業のCVCを実りの多いものにできるということになります。ただし、そのためには、これまでのやり方を変えなければなりません。

①のナレッジと人材の不足を解消するには、プロフェッショナルの存在が不可欠です。ただし、一般的な事業会社でベンチャーキャピタリストを社員として採用するのは、人事制度上の制約があり、簡単ではありません。外部の正真正銘のプロフェッショナル、それも何社も掛け持ちするのではなく、自社だけにコミットしてくれるプロと手を組む必要があります。

そして、そのプロフェッショナルは、シリコンバレーのインナーサークルの一員でなければなりません。なぜなら繰り返し述べてきたように、世界のイノベーションの中心はシリコンバレーであり、シリコンバレーのインナーサークルに入っていない限り、その成長を十分に取り込むことはできないからです。

②の投資の基本的な方針については、事前に決めて、その通りに運用できれば、それで問題解決です。しかし、決められないのにも、方針通りに運用できないのにも、それなり

の理由があるはずなので、ただきちんとやりましょうというだけでは事態は変わりません。私のもとにはたくさんの日本企業からＣＶＣに関する相談が寄せられますが、会って最初に尋ねるのは、きまって次の質問です。

「御社のＣＶＣの目標は何ですか」

最も基本的な問いのはずですが、驚くべきことに、明確な答えが返ってこないことは少なくありません。それどころか、「いや、それがよくわからないんですよ」と正直に話してくれた方も何人かいます。

どうやらブームになっているらしい、うちも後れを取ってはならないとトップがＣＶＣの立ち上げを決めたものの、後のことはすべて下任せで、担当役員どころか、経営企画部の一社員が投資領域から投資額まで決めている。そんなケースさえ珍しくないのです。

つくることだけが目的化してしまった――こんなＣＶＣからイノベーションが生まれる確率は、奇跡に近いと言っていいでしょう。

なぜいまＣＶＣに取り組むのか、目的は何か、１件当たりの投資額の上限はいくらか、投資総額はいくらか、投資対象分野はどこまで広げるのか（絞り込むのか）、案件の発掘はどのような体制で行うのか、投資判断までのプロセスをどう整理するのか、最終的な意思決定権者は誰か、何をＫＰＩとして成果を測るのか、などなど。決めなければならないこと、実施すべきことはたくさんあります。

ここでもカギを握るのは、外部のプロフェッショナルの存在です。経営層に対するヒアリングやＣＶＣ責任者とのディスカッションを通じてその企業に対する理解を深めたうえで、基本方針を策定し、運用開始後も本体企業に干渉されるおそれのない独立性の高いスキームを構築する。これらは、ＣＶＣに精通しているのはもちろん、客観的な立場である外部の人間だからこそ、できることといえるでしょう。

答えはＣＶＣ4・0にある

③のリスクが取れない理由は、リスクをコントロールする手段と技術がないからにほかなりません。

日本には「千三つ」という言葉がありますが、人知れず生まれたスタートアップが無事に成長してIPOを果たしたり、大企業に買収される確率はそれよりも低いのではないでしょうか。つまり、目利きもできないのに投資して、成長を手助けすることもできない場合、元本割れは当然の結果とさえいえます。

しかし、私たちのようなプロのベンチャーキャピタルにとって、投資資金の回収は実のところそれほど難しいことではありません。それは、投資先の選定やタイミング、スタートアップの成長に不可欠なサポート、そしてイグジットのためのノウハウとネットワークを豊富に持っているからです。

投資1件ずつのパフォーマンスにぶれが生じるのは仕方がないとしても、ファンド全体で見れば、目標とする運用利回りをしっかりと確保する。このようなCVCを運用するための最低限のノウハウとネットワークが不足しているのであれば、経験と実績のあるプロを活用すべきでしょう。

④のグローバル展開力についても、日本から駐在員を送り込んだり、現地のコンサルタントを活用するといった従来のやり方が通用しないのは先に述べた通りです。

シリコンバレーを筆頭に、世界中のイノベーションの発信地にネットワークを張りめぐらし、自社にとって最良の投資案件を発掘し、厳しい目でデューデリジェンスを行い、スタートアップとの交渉を経て投資を実行する。この一連のワークフローを高いレベルで実行できるのは、ベンチャーキャピタルの中でも実はそう多くはありません。よって、外部を活用するといっても、どこと組むのかが極めて重要です。

以上の４つのペインポイントを解消するうえで、私が最も有効だと考えるのが「ＣＶＣ４・０」というスキームです。耳慣れない方もいるかもしれませんが、それも当然です。私が知る限り、この言葉を初めて使ったのは私自身だからです。

少しずつ知られるようになり、大手新聞の記者から「最近はＣＶＣ４・０なんていわれているのですが、ウッザマンさんはご存じですか」と聞かれた時は、むしろ誇らしい気持ちにさえなりました。私やペガサスよりもＣＶＣ４・０に関心が集まることが私の望みだからです。ただ、言葉が一人歩きして本来の意図や仕組みが正しく伝わらないのは本意ではありません。そこでここでは、日本におけるＣＶＣの進化の歴史と、ＣＶＣ４・０の基本的なコンセプトを説明したいと思います。

CVCは新たなステージへ

なぜ進化が求められたのか

ご推察の通り、CVC4・0があるということは、CVC1・0、2・0、3・0もあります。前述のように、これは私独自の分類ですが、時期はもちろん、その特徴にも明らかな違いが認められます。

過去のことはいいから、いますぐに効く処方箋だけほしいという方は読み飛ばしていただいてもかまいません。ただ、その歩みを整理することは、CVC4・0の価値を正しく理解するのに役立つはずなので、少し振り返ってみることにしましょう。

日本で最初に事業会社によるベンチャー企業への投資、つまりコーポレートベンチャーの動きが本格的に見られるようになったのは、１９８０年代中頃のことでした。ＣＶＣ１・０の誕生です。

基本的な仕組みは、外部のベンチャーキャピタルなどがゼネラルパートナー（ＧＰ：無限責任組合員）となって組成したファンドに、複数の事業会社がリミテッドパートナー（ＬＰ：有限責任組合員）として数億円ずつ出資するというものです。

運用を行うのはＧＰなので、ベンチャー投資に関する知識や経験がなくても始められる点が当初は好まれました。また、１億円または３億円、多くても５億円程度の資金で、プロのベンチャーキャピタルが集めてくるさまざまな投資案件が見られるので、ベンチャー投資がどんなものかとりあえず雰囲気だけでもつかんでおきたい、投資領域を絞らず広く情報収集したい、といったニーズには適しています。

しかし、この利点そのものが、ＣＶＣ１・０の限界でもありました。ＧＰであるベンチャーキャピタルの目的は、あくまでも金銭的なリターンで、ＬＰ企業のイノベーション促進ではありません。つまり、ＬＰ企業の思惑とは別に、儲かりそうな案件に投資を集中することになります。

仮に少しはＬＰ企業の希望を聞き入れようという姿勢があったとしても、１つのファンドにさまざまな業種の事業会社が投資しているので、対象領域の調整は困難です。ましてやその先の協業となると、ほとんど話は進みません。つまり、戦略的リターンは期待できないということです。

さらに、スタートアップの発掘や調査、投資の意思決定、投資後のフォロー、イグジットといった一連の業務をすべてＧＰがやってくれるのはいいのですが、その半面、ＬＰ企業の社内に知識や経験が蓄積されることはほとんどありません。個人投資家が長年にわたって投資信託を買い続けても、ファンドマネジャーになれないのと同じです。

ＣＶＣがスタートアップに敬遠される根本的な理由

もっと自分たちの思い通りに投資して、協業も進めたい。こうした企業の希望を満たすために２０００年代初頭に登場したのが、ＣＶＣ２・０です。自社の子会社としてファンドをつくり、社内の人材がＧＰとしてファンドの運用管理を行います。これなら投資対象も協業も、自社だけで意思決定して進めることができます。

[図表4-1]「CVC1.0」の特徴と弱み

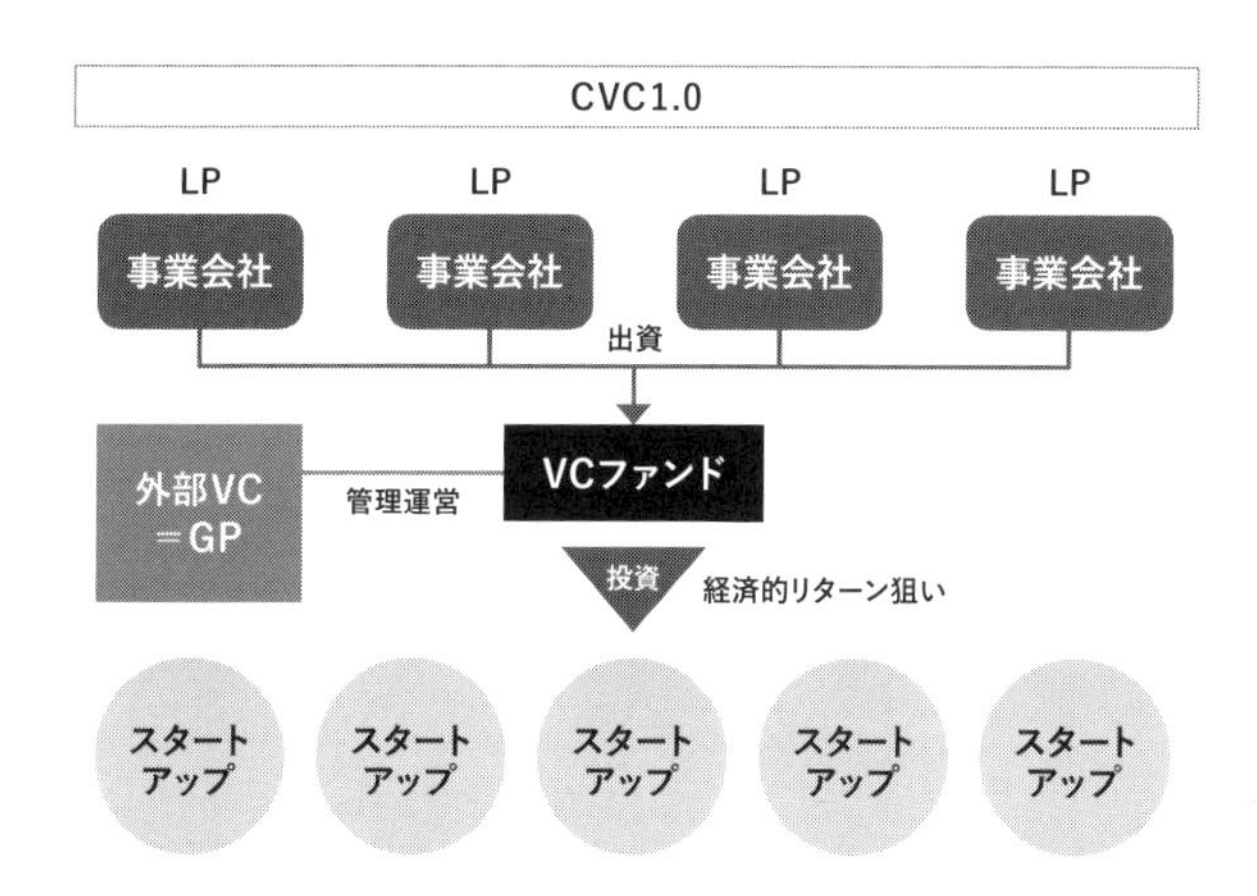

特徴

●外部のVCなどが組成したファンドに、複数の事業会社がLP[*1]として出資。
●1億円から5億円程度の少額出資。
●投資の意思決定や運営はGP[*2]である外部VCのファンドマネジャーが行う。

*1　LP:リミテッドパートナー（有限責任組合員）。出資金額を責任限度として利益配当を受ける。
*2　GP:ゼネラルパートナー（無限責任組合員）。ファンドの運営に責任を負う。

弱み

●投資に際して、LPである事業会社の意思が尊重されにくい。
●LPの間でも、投資対象などをめぐって足並みが揃わない。
●投資後のスタートアップとの協業がうまく進まない。
●戦略的リターンは期待しにくい。
●事業会社には、ベンチャー投資の知識やノウハウが蓄積されない。

CVC1.0は戦略投資に適していない。

ただ、ここで問題となったのが、本体の事業会社の色が強く出すぎることでした。たとえば、テクノロジー系のスタートアップが、富士通や日立の子会社であるＣＶＣから出資の話を持ちかけられたら警戒するのが普通ではないでしょうか。アイデアを横取りされてしまうのではないか、秘密保持契約はきちんと守られるのか、心配は尽きません。

スタートアップ側が同業大手を避けるのには、イグジットの際の選択肢をできるだけ多く残しておきたいという理由もあります。たとえばシードやシリーズＡの投資ラウンドでグーグルの出資を受けたＡＩスタートアップが、シリーズＢ以降のラウンドでトヨタに出資してもらおうとすれば、少しややこしい話になるのは避けられません。だから初期のラウンドでは、ＡＩ分野で存在感のない出資者が好まれるのです。

日本企業の紳士的な振る舞いは、世界中で知られています。それでもこのような事情から、本体の事業会社の完全なコントロール下にあるＣＶＣに対する警戒感が、完全に解消されることはありませんでした。

そして、自前であることの最大の弱点は、ＧＰとしての知識や経験が不足していることでした。ベンチャーキャピタルの経験者でもない社内の人材では、発掘できる案件も限られますし、その成長性を見極めることも容易ではありません。

さらに投資したスタートアップを育成するには、追加の資金調達や事業提携、イグジットなどのアドバイスを適切なタイミングで行い、その実行を支援する必要があります。しかし、普通の事業会社は、そのためのノウハウもネットワークも持ち合わせていません。

それでも同じ担当者が何年も続けていれば、そうしたものは徐々に蓄積されます。しかし、人事異動が頻繁に行われることの多い日本の大企業では、ノウハウやネットワークの継承をスムーズに行えませんでした。結局ほとんどのスタートアップが、継続的なサポートを受けることができなかったのです。

自社人材で運用している限り、ごく稀に本体の事業会社が吸収合併する以外、ほとんどのスタートアップが成長できないまま終わり、ＣＶＣも元本を回収できない。この不都合な事実が明らかになったことで、２０１０年代に入ると自前主義からの転換を図る企業が現れ始めます。外部の専門家を採用して運用を任せ、知識と経験の不足を解消しようとするＣＶＣ３・０です。

しかし、ここにおいても、本体の事業会社の存在が足を引っ張ります。ベンチャー投資をするうえで最も重要なことは、優れたスタートアップと1社でも多く出会うことです。しかし、事業会社の看板を背負うCVCはどうしても警戒されがちで、独立性の高いベンチャーキャピタルに後れを取ることになります。

さらに投資できた場合も、スタートアップに対するサポート面で、事業会社ならではの問題がありました。事業拡大のサポートやイグジットに際して、他の事業会社を紹介しにくいのです。もともとそうしたネットワークを持っていないということもありますが、本業での関係が影響するケースも少なくありません。ホンダが売却するスタートアップの株式をマツダが引き受けるというのは、普通は想定しにくい話です。

結局、事業会社の子会社であるCVCは、スタートアップにとって最も歓迎すべき出資先とはなりえませんでした。

自前主義からの脱却

簡単ではありますが、40年以上にわたる、日本のCVCにおける苦悩の歴史を振り返ってみました。

[図表4-2]「CVC2.0／CVC3.0」の特徴と弱み

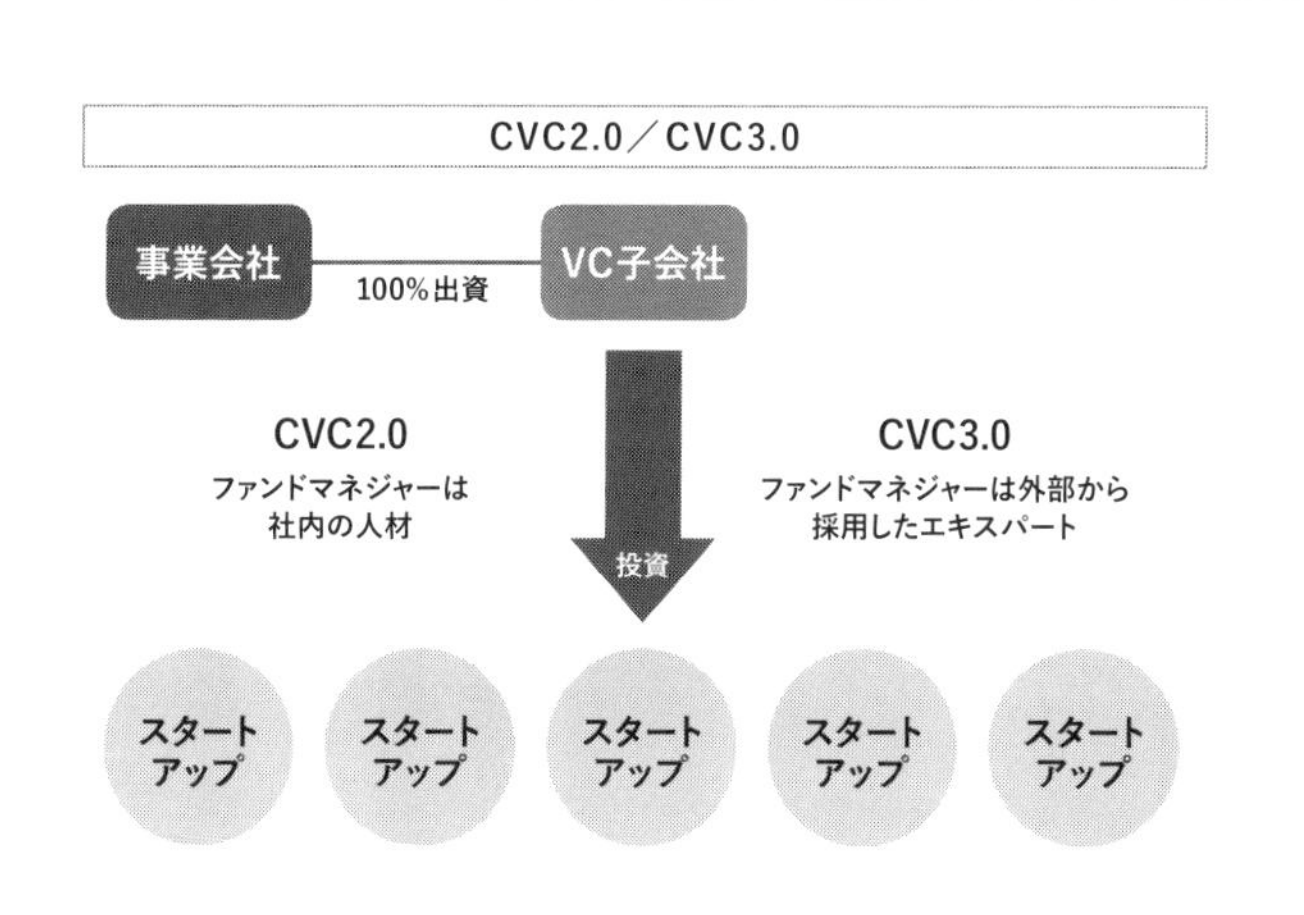

	CVC2.0	CVC3.0
特徴	100%出資の子会社としてVCファンドとを設立。	
	投資の意思決定ができる。	
	事業会社の色が強く出る。	
違い	ファンドマネジャーは社内人材	ファンドマネジャーは外部の専門人材
弱み	スタートアップから警戒される。	
	投資案件がうまく発掘できず、スタートアップの成長も支援できない。	スタートアップの事業拡大やイグジットを目的とした他の事業会社との連携がしにくい。
	担当者の異動が多く、知識やノウハウが蓄積されない。	外部採用の専門人材に頼りすぎて、社内のイノベーション人材が育ちにくい。

CVC2.0でも、CVC3.0でも
イノベーションが進まない。

仕組みそのものが戦略的投資に適していなかった１・０、人材とナレッジが障壁となった２・０、事業会社本体の存在感がマイナスに影響した３・０。少しずつ進化をしながらも、イノベーションにつながらない状況を打ち破ることができないまま、近年まで来てしまったと言っていいでしょう。

こうして見ると、何度かのＣＶＣブームが到来しては、潮が引くように多くの企業がＣＶＣから撤退したのも必然の帰結だったと言わざるをえません。ＣＶＣの仕組みそのものを抜本的に転換しない限り、イノベーションは起こせない。そのことに多くの方が気づいているはずなのに、いまだに３・０に留まったままのＣＶＣも数多く存在します。

いま、本気でイノベーションを求めるならば、１・０から３・０のすべての課題を抜本的に解消する仕組みが必要です。それがＣＶＣ４・０、別名「ＶＣａａＳ」（VC as a Service）です。このＣＶＣ４・０は、事業会社と外部のベンチャーキャピタルが１対１でタッグを組み、専用のファンドを設立して運用します。事業会社が有限責任組合員（ＬＰ）、運用主体となるＶＣが無限責任組合員（ＧＰ）となる、いわゆる二人組合方式です。

その意味では、ファンドを事業戦略ごとにサービスとして発注し、お互いに知識やデータを積み上げるという点で、as a Serviceとしての機能を果たします。

ここでまずすべきことは、目的が経済的なリターンなのか、戦略的なリターンなのか、その両方なのかをあらかじめ明確にすることです。そのうえで、ベンチャーキャピタルが投資先を発掘します。ただし、決めるのはあくまでも事業会社なので、意に沿わない運用に陥る心配はありません。

細かなスキームについては後で詳しく説明しますが、CVC4・0は企業が出資する外部のファンドなので、事業会社の色が薄められます。その結果、より多くの有望なスタートアップに出会い、連携の機会を探れるようになります。また、ファンドとしての独立性を高め、意思決定に関する権限を事業会社本体からCVCに委譲することで、機動的な対応も可能になります。

さて、慎重な読者であれば、CVC4・0の良い面ばかり挙げているけれど、弱点はないのかと思われたかもしれません。実はCVC4・0には弱点とはいえないものの、非常に重要な留意すべき点があります。それはパートナーとなる外部のベンチャーキャピタルが、真のプロフェッショナルでなければならないということです。

[図表4-3]「CVC4.0」の特徴と強み

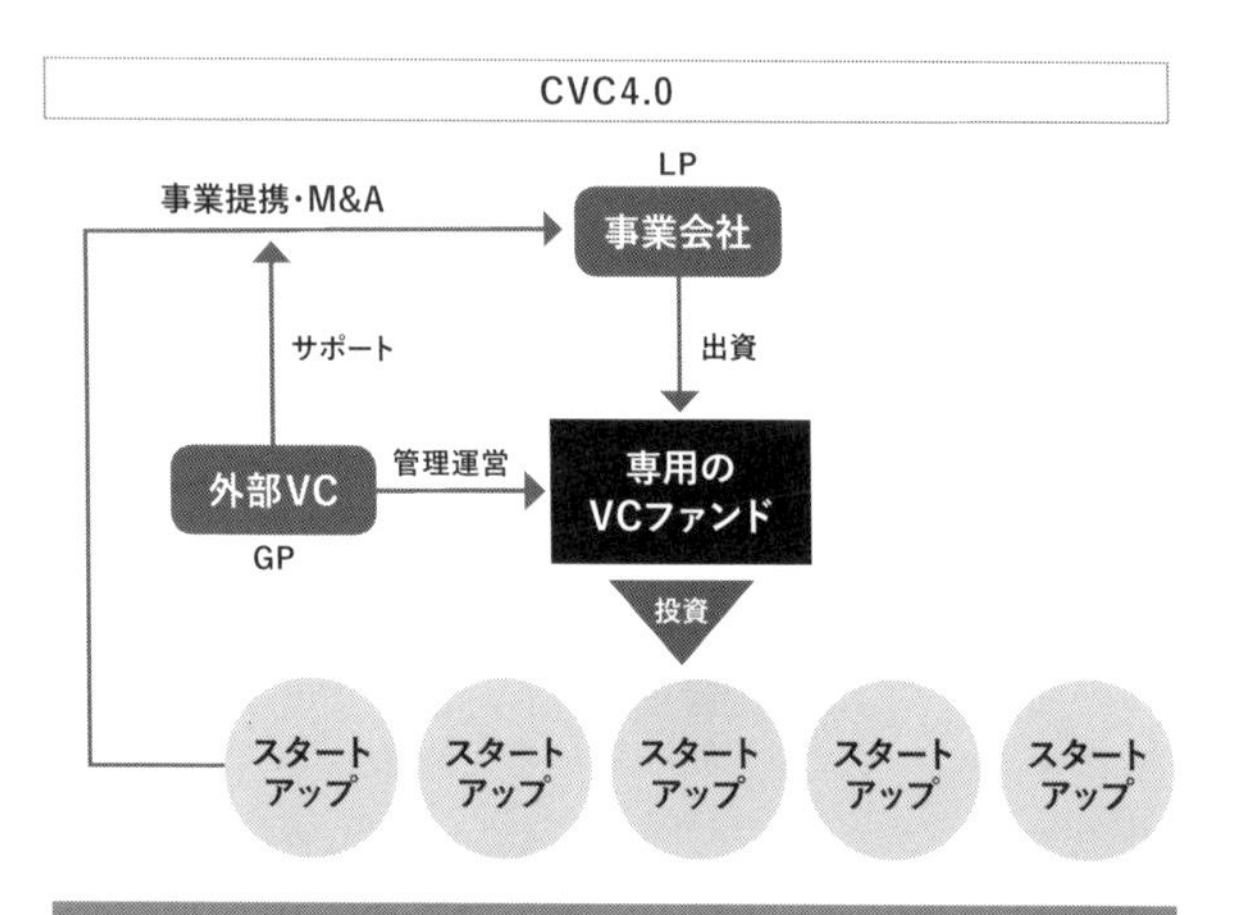

特徴

- 外部VCとともに専用のファンドを設立。
- 投資の意思決定の主体は事業会社。
- 外部VCがファンドの管理運営に当たる。
- 外部VCが事業提携・M&Aにおける主な役割を担う。
- 投資プロセスを形式知化、明確化する。

強み

- 自社が希望する領域に投資対象を絞ることができる。
- 案件発掘からイグジットまでのすべての段階で、外部VCの知見とネットワークが活かされる。
- 投資したスタートアップの成長を、外部VCが強力に支援する。
- 外部VCと共同でファンドを運用することで、事業会社にもベンチャー投資の知識やノウハウが蓄積される。

CVC4.0は戦略的・経済的リターンが期待でき イノベーションが促進される。

シリコンバレーをはじめ世界中にネットワークを持ち、成長可能性の高いスタートアップだけを発掘する目利き力。高品質のデューデリジェンスを行い、投資後もさまざまな面でスタートアップを支援し、事業会社との提携や第三者への売却などのイグジットまでを完遂させる能力と体制。このすべてが揃っていないベンチャーキャピタルには、ＣＶＣ４・0のパートナーは務まりません。言い換えれば、ＣＶＣ４・０においては、「誰と組むか」が成否を分けると言っても過言ではないのです。

非常に厳しい条件なので、すべてを満たすベンチャーキャピタルは世界でも数が限られます。さらに第3章でお話ししたような日本企業ならではの悩みや課題を理解できるベンチャーキャピタルとなると、ほぼ存在しないというのが現状です。手前味噌ではありますが、それができているのは我々ペガサスだけかもしれません。

真のプロフェッショナルとタッグを組み、だからといって任せ切りにするのではなく、事業会社も主体的に取り組むことで、社内にも知識と経験が少しずつ蓄積されていきます。これこそが、ＣＶＣ４・０が他のＣＶＣモデルに比べて最も秀でている点の1つです。

たとえばペガサスでは、「ペガサス大学」と呼ばれるＬＰ企業の人材育成のための研修プログラムを設けています。基本的には我々のシリコンバレーの拠点にLP企業の社員を迎え入れ、シリコンバレー流のベンチャー投資のノウハウを実地で吸収していただきます。期間は1カ月から最長3年ですが、1週間の短期プログラムもあります。

1週間で何がわかるのか、と思われるかもしれません。たしかに、スタートアップの発掘から投資、その後のフォローまでを一通り経験してノウハウを吸収するには、少なくとも半年以上はほしいところです。半年あればイノベーションのエコシステムの中にどっぷりと浸かって、スタートアップとの面談、インキュベーターやアクセラレーターといったインナーサークルの面々との交流などを通じて、シリコンバレー流の働き方を身につけることができます。また、日本の事業部と投資案件のキャッチボールをする中で、自社の課題や眠っている可能性に気づかされることも多いようです。その違和感を忘れずに日本に持ち帰り、社内で共有することで、イノベーションに対する組織全体の意識が変わっていく。これが我々のペガサス大学が目指すところです。

では、短期プログラムが無意味かといえばそうではありません。限られた時間の中でできるだけ多くのスタートアップと面談し、デューデリジェンスを実際に体験することで、帰国してシリコンバレーからの案件をキャッチする側に回った時にも、その受け止め方やスピードがまるで変わってくるからです。

実際、意識改革を当面の目標にＣＶＣ４・０を始めたいというケースも珍しくありません。新規事業やスタートアップとの提携につながればそれに越したことはないけれど、まずは組織に染み付いた考え方から変えていきたいというのです。

ペガサス大学のプログラムを利用するかどうかにかかわらず、ＣＶＣ４・０には、たしかに人の意識や組織風土を変えていく力があるようです。シリコンバレーやスタートアップのイノベーティブな行動様式やマインドに接するうちに、長い間にたまった澱が少しずつ取り除かれていくのでしょう。ですから、私がこんなことを言うと変に思われるかもしれませんが、ＣＶＣ４・０を回すうちに、いつかは外部ＶＣの力を借りずに、「自前でＣＶＣを活用したイノベーションをどんどん起こせるようになる」ことが理想です。グーグルやインテルがそうであるように、です。

ブームだから、他社もやっているからといった受け身の理由ではなく、変化の時代にあって進化を止めずに生き残るために、みずからを革新し続ける力を手にするためにこそ、ＣＶＣ４・０を活用していただきたいのです。

イノベーション創出システム

CVC4・0の基本構造

このパートでは、CVC4・0の仕組みを、ペガサスが提供するサービスをもとに、よりわかりやすく説明していきます。

これまでに紹介した通り、CVC4・0では、事業会社と外部のベンチャーキャピタルとでプライベートファンドを組みます。プライベートファンドは、事業会社1社とベンチャーキャピタルが共同で専用のファンドを運営するため、日本語では二人組合(ににんくみあい)とも呼ばれ、出資者となる事業会社が有限責任組合員（LP）、運用主体となるベンチャーキャピタルが無限責任組合員（GP）となります。

出資するのは1社だけなので、他の投資家の意見に左右されることなく、投資領域、投資ステージ、地域などを、自社の思い通りに決定できる点が、複数の投資家が参加する一般的なCVCファンドとの最大の違いです。

さて、いきなりファンド設立のところから説明しましたが、実はそれ以前の段階で、そのCVCが成功するかどうかの8割方は決まってしまいます。その重要なプロセスが、ベンチャーキャピタルによる事業会社の経営陣またはCVCの責任者に対するインタビューです。

実際のところ、CVCに対する期待は企業によって異なります。たとえば、一口に戦略的リターンを重視すると言っても、本業の周辺で事業を拡大したいのか、まったく新しい領域に進出するのか、既存の製品・サービスの品質や生産性向上につながる技術を獲得したいのかなど、狙いはそれぞれです。

もっと言えば、経営陣やCVCの責任者が、常に自社の目的を正しく理解しているとは限りません。私が経験したケースでも、当初はただベンチャー投資を経験したいという話だったのが、よくよく聞いてみたら次の中期経営計画の目玉となるネタがなくて困っていたということがありました。この時は、本業に近くて実現性の高い分野と、トレンドで成長性が高いＡＩ分野の２つに投資領域を絞り込むことを提案しました。

経済的リターンを重視する場合も同様です。リターンは大きければ大きいに越したことはありませんが、リスクはどの程度まで受容できるのかや、最低でも実現したい目標値や達成までの期間について、インタビューを通じて具体的に聞き出すことで、本来の目的により合致したＣＶＣの運用が可能になります。

たとえば、最近ペガサスが携わった事案では、２〜３年間のうちにグループ全体の利益を大きく向上させたいという要望に沿って、高い確率で利益が見込める案件に投資を集中し、最初から第三者へのバイアウトによるイグジットを念頭に置いたファンドを組成しました。

こうしてＣＶＣを立ち上げる目的が整理され、しっかりと共有できたところで、具体的な設計に入ります。ペガサスの場合、まずは以下の３点を明確にします。

①投資領域：既存事業強化を目的とするのか、隣接した事業・市場やエコシステムの拡大を目指すのか、ディスラプターの取り込みを狙うのか、飛び地にも対象を広げるのか。

②投資対象のステージ：一般的にはすでに技術が確立され、製品・サービスが完成しているシリーズBのスタートアップへの投資を優先する傾向があるが、それ以外のシードやアーリーも対象とするのかどうか。

③投資地域：国や地域の選定。

ベンチャーキャピタル任せにしない、という価値

さて、次はいよいよ運用の始まりです。

一般的に、ソーシング、デューデリジェンス、投資実行、モニタリング、イグジットの流れで行われます。その中で、出資者である事業会社との協業や提携、買収につながるものもあれば、第三者への売却やIPOによって投資資金を回収することもあります。

この一連の活動において、LP企業の担当者はGPのファンドマネジャーとともに運用に参加します。ペガサスでは基本的に、LP企業から最低でも2人以上の社員をファンドの担当者に任命していただいています。

1人は、私たちのオフィスに駐在して、そのファンド専任のペガサスのマネジャーと一

[図表4-4]「CVC4.0」のワークフロー（ペガサスの場合）

外部ベンチャーキャピタル（ペガサス）

プロセス	アクション	情報共有	事業会社
ソーシング	VCが持つさまざまなコネクションを活用して、事業会社が希望する投資分野の有望案件を収集。	→ ／ ← 事業会社が発掘した案件の分析依頼	自社でも独自に投資案件を発掘。
プレスクリーニング・デューデリジェンス	VCのアナリストが精緻な案件分析を実施。事業会社側が発掘した案件も同様に分析。	→	
アーリー・デューデリジェンス		→	
ディープ・デューデリジェンス		→	
専門家によるチェック	外部の研究機関・専門家による技術評価や、弁護士・会計士による調査を実施。	→	
条件交渉	VCがスタートアップとの間の投資条件の交渉を行う。	→	投資候補に挙がったスタートアップとの協業の可能性を検討し、意思決定を行う。
投資実行	ここまでの全プロセスをまとめたレポートをVCが作成。最終的にはVCがLPのフィードバックをもとに投資判断を行う。	← 各案件へのフィードバック	
事業提携サポート	事業会社とスタートアップとの提携や交渉をVCが支援。	→ ／ ← 事業提携に向けたサポート	投資したスタートアップとの協業の可能性を社内で検討する。
モニタリング	VCがスタートアップの状況を随時把握して必要な支援を行うことで成長を支援する。	→	事業提携の可否を判断する。
イグジット	イグジットに向けたサポート。買収先の紹介や、買収後も最初に投資した事業会社に不利益が生じないように調整する。	→	
事業提携に行き着かなかった場合			
第三者機関へ売却	事業提携がうまくいかなかった場合でも、第三者に売却することで投資資金を回収できるようにする。	→	

緒に日々の投資活動に直接従事する人。これは、実際にシリコンバレーに駐在するパターンと、日本の拠点で仕事をしていただくパターンの2つがあります。

もう1人は、ＬＰ企業の中にいて、我々が投げかける投資案件を受けて事業部につなげるキャッチャー役で、経営企画部などに所属するケースがほとんどです。

このように役割の違いはあっても、プロのベンチャーキャピタリストとともにＣＶＣの運用に携わることで、プロセス全体を学べる点が、４・０モデルの特徴の1つです。実際、私の経験でも、最初は投資案件のソーシングも何を基準にすればいいかわからず、ペガサスのマネジャーに任せがちだった担当者が、半年ほどでしっかりとした目を持つようになるケースは珍しくありません。

ここまで来れば我々はサポート役に回り、ＬＰ企業の担当者の意見を尊重し、最終的にはＬＰ企業自身の選択に基づいてソーシングを行うようにしています。なぜならば、自社に必要な技術やアイデアを一番よく知っているのは社内の方ですし、そのための目利き力を育てることが継続的なイノベーションには不可欠だからです。

ソーシングの結果、もっとよく知りたい、興味があるということになれば、デューデリジェンスを実施します。デューデリジェンスとは、投資先の価値やリスクについて調査することで、この結果をもとに投資判断を行います。最終的にGPがLP企業の意思を尊重しながら投資判断を行い、できるだけ良い条件で投資できるように、スタートアップとの交渉を行います。

投資後のGPの使命は、LP企業とスタートアップとの戦略的パートナーシップ実現に向けたサポートです。スタートアップに対しては、資金調達や事業開発などの相談に乗ることで成長を後押しすると同時に、LP企業内の事業部門との面談を定期的に設けることで協業の機会を探ります。

ここで重要なのは、スタートアップを放置しないということです。プロの独立系ベンチャーキャピタルは、投資対象を目利きする力はもとより、投資後のモニタリング（監視）とサポートの手腕によって、確実に投資収益を獲得します。スタートアップの経営に深く関与し、PoC（実証検証）や戦略策定、資金調達、営業、人材、そして株式公開を支援するなどして、スタートアップを大きく育てて、その果実を手にするのです。

これがハンズオンのスタイルだとすれば、CVCの多くは資金提供だけを行い、経営に関与もしなければ支援もしない「ハンズオフ」のスタイルを取っています。ベンチャー投資の経験が乏しいので無理もない話かもしれません。しかしそれでは、よちよち歩きのスタートアップはまず生き残ることはできないのです。

ですからペガサスのＣＶＣ４・０では、我々のスタッフがスタートアップのボードメンバーに入ることも珍しくありません。これにより技術開発や事業展開などに関する情報を随時入手してＬＰ企業と共有でき、スタートアップの成長を直接支援することが可能になるからです。

このような取り組みを経て最終的に事業提携につながるのが、ＬＰ企業にとって最も望ましいシナリオですが、その確率は高くはありません。しかし、だからといってＣＶＣ活動そのものが失敗したことにはなりません。より多くのスタートアップに投資して情報を収集し、イノベーションのチャンスを増やすことこそが、ＣＶＣの本質的な目的の１つだからです。

事業提携につながらなかった場合も、第三者への売却などによってスタートアップをうまくイグジットさせられれば、投資元本を回収することもできます。ＧＰは、こうした活動をポートフォリオに含まれるすべてのスタートアップに提供し、ファンドがしっかり運営されていることをＬＰ企業とともに定期的に確認します。

このようにＧＰは、最初から最後までＬＰ企業に寄り添いながら、イノベーションに必要なサービスを提供していきます。意思決定の主体はあくまでＬＰ企業で、ＧＰが付きっ切りでその遂行をサポートする。この点こそが、ＣＶＣ４・０と過去のＣＶＣモデルとの決定的な違いといえるでしょう。

一連の流れが整理できたところで、ＣＶＣ４・０ワークフローにおけるポイントを掘り下げていくことにしましょう。

発掘から出口までのフルサポート

投資の質を左右する重要ポイント

ＣＶＣ４・０の成否を分ける最初のポイントは、投資案件のソーシングから、デューデリジェンス、条件交渉を経た、投資までのプロセスです。ここをいかに精緻かつ効率よく実行できるか、そしてＬＰ企業とＧＰがどれだけ密に連携できるかが、投資結果を大きく左右します。

従来のＣＶＣモデルに対するＬＰ企業の不満は、投資判断に主体的に関与できないうえ、投資プロセスが不透明であることに集中していました。ＬＰ企業の多くは上場会社なので、みずからの株主に対する説明責任という点でも、これは見過ごせない問題です。

そして何より、投資家である企業が「あずかり知らないところ」で行われた投資が、良い結果につながるわけがありません。ＬＰ企業が本来の主体的な役割を果たすことが、投資後の事業展開や財務リターンなどのパフォーマンスにおいても良い結果につながります。

ソーシング：グローバルで最適な案件を発掘する

ワークフローで最初に行うのがソーシングです。ここでは、有望なスタートアップを発掘することが最大の目的です。ただし、Ａ社にとって最良の投資案件が、Ｂ社にとっても最良とは限りません。

経済的リターンのみを狙う場合は、成長余地が大きく確率の高いと思われる案件を選択すればそれで足ります。しかし、戦略的リターンが目的ならば、自社の既存事業や技術と結び付くことで創造的破壊を起こせるかどうかがすべてなので、あらゆるＬＰ企業にとって最良の投資案件があるわけではないのです。

ですからペガサスでは、ＬＰ企業の経営層やＣＶＣの担当者に対するヒアリングを何度も繰り返し実施します。投資対象地域、投資ステージ、興味・関心領域を掘り下げて聞くことで、ＬＰ企業に対する理解が深まり、事業戦略や中長期計画に沿ったスタートアップのみを紹介することが可能になります。

ＬＰ企業からの特に強い要望がない限り、ソーシングはグローバルを対象に行うのが基本です。たとえばエアモビリティのスタートアップと組みたいのに、アメリカや中国をパスして、日本だけに対象を絞り込むのは合理的とはいえません。投資領域や求めている技術が明確で特化されたものであるほど、対象は広げておく必要があります。

したがってＧＰとなるベンチャーキャピタルは、グローバルに拠点があることはもちろん、経験豊富かつそれぞれの地域のインナーサークルに入り込んでいるメンバーを擁していることが必須要件となります。そうしたＧＰが窓口となることで、言葉や文化の壁を乗り越え、日本企業が苦手としていた世界市場へのアプローチも可能になります。

とはいえ、いくらトップクラスの案件だけを選りすぐったとしても、次のデューデリジェンスの段階に進むのは、ほんの一部です。だからこそ世界中に網をかけて、サンプルサイズを大きくしておかなければなりません。

そこで、ソーシングには次の３つのアプローチが取られます。

①各地域のトップクラスのインキュベーターおよびアクセラレーターとの情報交換。
②各地域のベンチャーキャピタルとの連携。
③その他組織（大学、法律事務所など）やイベントでの情報交換。

いずれのアプローチも、地域に根差した活動である必要があります。地元の文化を深く理解し、ネットワークに深く入り込んだメンバーによって構成された各地の専門チームがソーシングするのと、遠く離れた東京やシリコンバレーから行うのとでは、おのずと結果は異なります。

もちろんペガサスでは、このソーシングに不可欠なネットワークを世界各地に有しています。たとえば①では、世界一のアクセラレーターとされるYコンビネーターとのネットワークが挙げられます。

第2章で紹介した通り、Yコンビネーターが主催するデモデイに招かれるのは、少数の限られたベンチャーキャピタルや投資家だけです。デモデイは、Yコンビネーターのプログラムに参加したスタートアップがプログラムの最後に自社を売り込むためのイベントで、金の卵揃いと言っても過言ではないため、投資家サイドが選別されるのも当然なのです。幸いなことに、ペガサスはデモデイの常連となっており、Ｙコンビネーターと強いネットワークを築いている証左でもあります。

このように、シリコンバレーをはじめ世界各地でインナーサークルに入り込んでいることが、グローバルなサンプル収集が必要なソーシングにおいても、大いに力を発揮するのです。

同様に②についても、実績に裏打ちされたベンチャーキャピタル同士の信頼が前提となります。各地域の名門ベンチャーキャピタルと連携できなければ、本当に優れたスタートアップを発掘することも、それを良い形でＬＰ企業につなぐこともできないからです。

③の中で特に重要なのは、やはり大学でしょう。シリコンバレーにおけるスタンフォード大学の位置付けについては、第２章で詳しく述べた通りです。ペガサスでは、同大学発のスタートアップインキュベーターであるスタートＸや、同じく第２章で触れたＢＡＳＥとの交流、ＭＩＴとのパイプを通じて、大学発の有望なスタートアップにいち早く出会え

る体制を整えています。また、法人登記直後のスタートアップの情報を得るためには、法律事務所との連携も欠かせません。

各地で開かれるイベントもスタートアップとの貴重な出会いの場です。シリコンバレーでは毎日のようにスタートアップ向けのイベントが開催されていますが、なかでもGPとなるベンチャーキャピタル独自のイベントの場合、マッチングの確率は高まります。ベンチャーキャピタルやその顧客であるLP企業の顔ぶれを理解したうえで参加するスタートアップが多いからです。

ペガサス主催のピッチコンテスト「スタートアップワールドカップ」には毎年3万から5万のスタートアップからの応募があり、世界60の国と地域で大会が開かれ、シリコンバレーで決勝戦を行っています。過去の大会では、MIT発のメドテックスタートアップのルーコラボ（Leuko Labs）や、ベトナムのAIを活用した物流最適化プラットフォーム事業を手がけるアビビン（Abivin）などが優勝しました。

なお、ペガサスのようにグローバルにネットワークを持つGPの場合、3つのアプローチに加えて、次の2つのアプローチもソーシングの有効な手段となります。

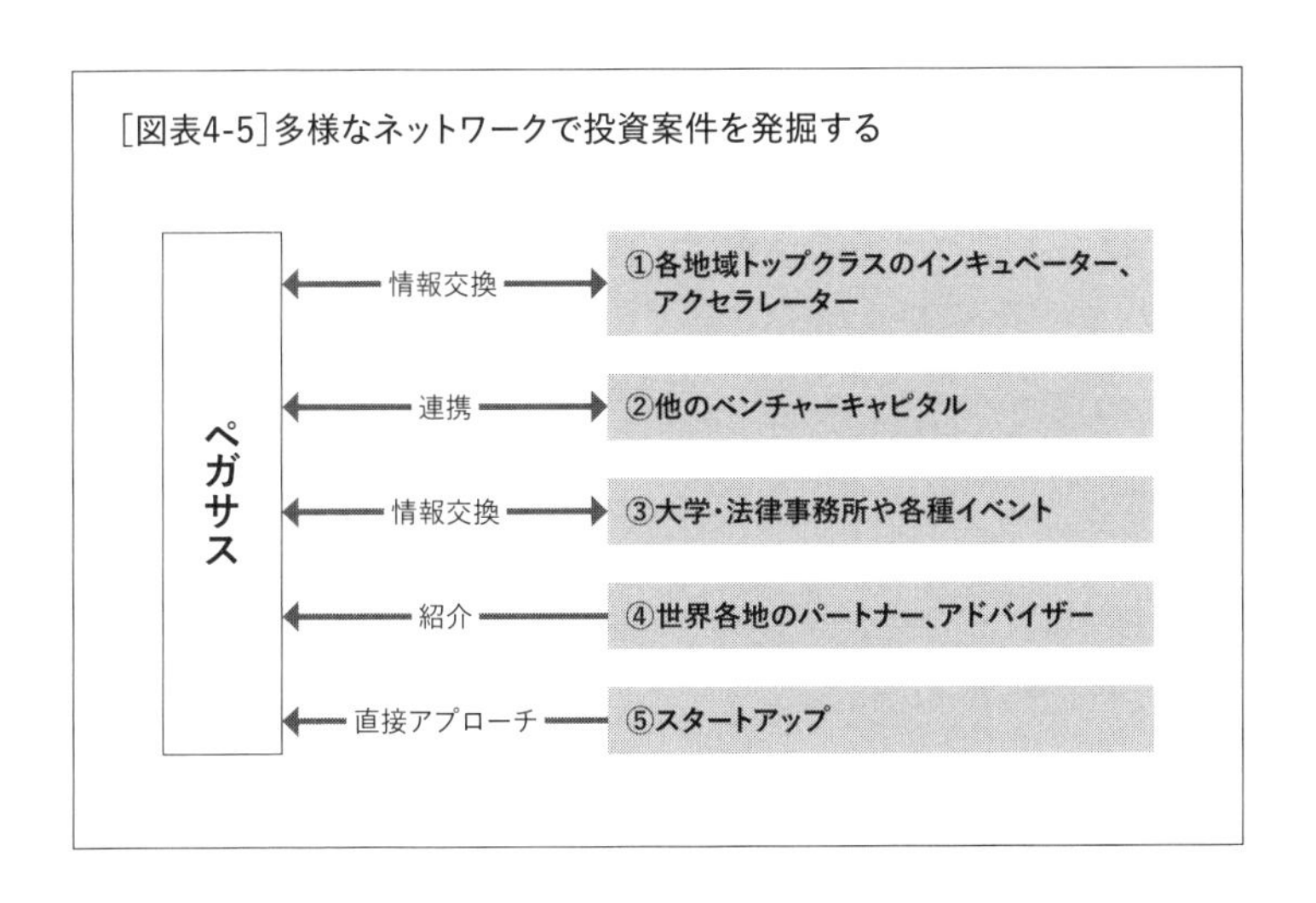

④世界各地で活動するパートナーやアドバイザーからの紹介。

⑤スタートアップからの接触。スタートアップ同士の横の交流が盛んなため、過去に投資したスタートアップが、他のスタートアップをベンチャーキャピタルに紹介するケースも多い。

デューデリジェンス：スタートアップの企業価値を精査する

発掘された案件が投資するにふさわしいかどうかを評価するプロセスが、デューデリジェンスです。ここで重要なのは、スタートアップの価値を多面的かつ多層的に見極めることです。
プレ、アーリー、ディープの大きく3つのステップで、スタートアップを少しずつ絞り込みながら、より深いレベルのデューデリジェンスへと進んでいきます。

分析と評価に当たるのは経験豊富なアナリストたちですが、案件ごとに関連する技術アドバイザーや、その領域に特に詳しいパートナーが加わり、専門的な知見を取り入れます。事業会社がこうした体制を組むのはまず不可能なので、これも外部のベンチャーキャピタルを活用する利点の1つといえるでしょう。

CVCのポートフォリオ管理の観点からは、多面的、多層的に調査・分析するうえでの共通のものさしが必要となります。ものさしがあることで、担当アナリストや地域によるぶれが生じるのを抑えて、投資判断の精度を上げることが可能になるからです。

たとえばペガサスでは、会社概要からプロダクト、ビジネスモデル、マーケット、IP（知的財産）、組織、財務、トラクションに関するチェック項目を一覧化したワークシートを、すべてのデューデリジェンスチームが使うことで、システマチックで客観的な分析評価を迅速に行えるようにしています。

［図表4-6］多面的かつ多層的なデューデリジェンス

プレスクリーニング・デューデリジェンス
アーリー・デューデリジェンス
ディープ・デューデリジェンス
専門家やアドバイザーによる調査
リーガル&ファイナンスチェック
投資判断

3段階のデューデリジェンスで絞り込んだ後、分野別の専門家による調査や弁護士・会計士のチェックを経て、投資するかどうかを最終判断する。

トラクションとは、日本語にすれば「牽引」。ユーザー数やダウンロード数などのビジネスの成長の兆しを示す定量的なデータを指します。投資のタイミングを計るうえでは、プロダクトやビジネスモデルの優位性とともに、需要の高まりを証明する実績、つまりトラクションが重要な意味を持ちます。

ちなみにペガサスのデューデリジェンスでは、計３００項目から成るチェックリストによって、３６０度の角度からスタートアップを評価します。このように多面的かつ客観的な議論をチームで行うことで、わずかな見落としさえも防げるからです。さらにプレからアーリー、ディープへと段階を進むごとに、法務（リーガル）や財務（ファイナンス）の面の調査も行われ、投資に関するリスクの有無が厳しく評価されます。

もちろん、こうしたデューデリジェンスの全プロセスにおいて、ペガサスはＬＰ企業と情報を共有し、双方向で意見を出し合いながら作業を進めていきます。

ソーシングについてはよく「目利きが重要だ」などといわれますが、その言葉の印象とは違い、目利き力は職人技に代表されるような暗黙知ではありません。たしかに、より多くの案件を見てきたアナリストや、いくつものスタートアップの爆発的成長をハンズオンで支援した経験者には、他の人が真似できない目利き力があります。

しかし、そうした属人性の高いやり方では、広い産業領域をカバーしながら膨大な数の投資案件を扱うことは不可能です。経験と実績に裏打ちされたノウハウとナレッジを、マニュアルやワークシートに落とし込んで形式知化することで初めて、ＬＰ企業とスタートアップとの協業や提携につながるミートアップ（出会い）が可能になります。

ですから優れたファンドマネジャーほど、ソーシングやデューデリジェンスだけでなく、すべてのプロセスにおいてシステム化を進め、驚くほど多くの案件をスピーディに処理できるようにしています。もちろんそのためには、組織としてのノウハウとナレッジの蓄積、システム化のための投資などが欠かせません。近年は一部の地域や産業に特化したブティック型のベンチャーキャピタルが減り、大型化が進んでいますが、その背景にはこうした要因もあると考えられます。

規模が大きくシステム化が進んでいることと、ＬＰ企業に対するきめ細やかな対応は、一見すると矛盾するように思えますが、けっしてそんなことはありません。ですから、どのベンチャーキャピタルと組んでＣＶＣ４・０を展開しようかと考えている事業会社には、この２つの要件を満たすベンチャーキャピタルを厳しい目で選ぶことをお勧めします。

さて、プレ、アーリー、ディープの３段階のデューデリジェンスの結果を受けて、ＬＰ企業が投資に前向きな場合は最終報告書が作成されます。ペガサスの最終報告書のボリュームは１社当たり２００ページ以上に及びます。現時点で知りうることは何一つ漏らさないデューデリジェンスの品質が、投資の成功に直接影響すると考えているからです。

最終的な投資判断に当たっては、次の３点をＬＰ企業とＧＰが相互に確認します。

①そのスタートアップには、３～５年間生き残る力があるか（あまりに短命な場合、事

[図表4-7]ペガサスのデューデリジェンスのチェック項目の一例

製品・サービス	顧客のどのような問題を解決するものか。
	ユニークな技術・ナレッジを有しているか。
	その技術・ナレッジは、顧客にとってどのような価値を創造するのか。
	競合他社と比べてどこが優れているのか。
市場	既存の市場をどのように破壊するのか。
	既存市場の規模、古さ、主な構成者は。
	市場の成長ドライバーは何か。
ビジネスモデル	どのようなビジネスモデルか。競合との違いは何か。
	ベンチマークする競合はどこか。
	市場において大きな影響力を持つのは誰か。
	そのビジネスモデルは持続可能か。
組織運営	企業ビジョンは何か。
	創業者はどのようなバックグラウンドを持っているか。
	その事業に関する経験と実績を持っているか。
ガバナンス	経営層の体制構築はできているか。
	会社法に基づいた登記、業法申請登録等が過不足なく行われているか。
共同投資家	他にどこ・誰が投資しているか。
	他の投資家は戦略的投資を目的としているか。 同様の事業領域での投資経験はあるか。
トラクション（実績指標）	獲得している顧客数（法人・個人）は。
	契約の有効期間は。
	前払い契約か後払い契約か。
	顧客は主にどこに立地しているか。地域的な多様性はあるか。
財務データ	５年財務予測や、今後１年間の月次計画を立てているか。
	楽観的、現実的、悲観的の３つのシナリオに基づいた 財務予測を立てているか。
	前年（前月）の監査済みPL、BS、キャッシュフロー表はあるか。
イグジット	イグジットの戦略はあるか、それは実現可能なものか。
	他に同等の評価を受けているスタートアップはあるか。
	過去の類似ケースではどのようにイグジットしたか。IPOかM&Aか。

業提携にまで行き着かないおそれが高まるため）。
②そのスタートアップの技術やビジネスモデルは、堅実で価値が高いか。
③そのスタートアップは、LP企業との事業提携で強いシナジーを生み出せるか。

このようにしてCVC4・0モデルでは、良質な投資および事業提携を生み出せるようなスタートアップを、定量的かつ定性的に判断していきます。

契約と交渉：LP企業に最大限の価値をもたらす

契約書の作成やスタートアップとの交渉などのプロセスでは、LP企業の意見やフィードバックを尊重しながら、GPがきめ細やかなサービスを提供します。言い換えれば、GPによるサービス品質の差が出やすいプロセスであるともいえるでしょう。

ペガサスでは、ローカルとグローバルの両方の投資を経験した者だけが、GPのファンドマネジャーのポジションに就くことが認められています。ここで重要なのが、「ローカルとグローバルの両方」を経験しているという点です。

たとえば、日本のスタートアップの中には、シリコンバレー流の投資交渉は展開が速すぎてスピードについていけないと感じるところもあるかもしれません。また、世界の中にはほかの投資家の顔ぶれを極端に気にする地域もあります。

このような国ごとに異なる文化や商習慣を理解したうえでスタートアップと交渉できる力は、世界のスタンダードを熟知しているのと同様にGPにとって欠かせないもので、それによりLP企業に最大限の価値をもたらす契約につながります。

同時に、各国の法的制限を熟知している必要もあります。たとえば、アメリカのスタートアップに投資するのであれば、外国企業による合併吸収などを規制する対米外国投資委員会（CFIUS）について熟知していなければなりません。規制を回避して、リスクをヘッジしたうえでどうすれば投資が実現できるのか。その最も効率的な方法を検討して示す必要があります。

また、契約書面の作成に際しても、のちの事業提携や合併吸収を視野に入れながら書類作成や記入事項の確認を行うことで、LP企業の権利を保護することができます。たとえば、事業提携したスタートアップがその後、別の企業に買収された場合、提携を通じて生まれた技術やビジネスモデルをＬＰ企業がそのまま使用したり、提携が継続できなくなるおそれがあります。こうした事態を避けるためには、契約時にしっかりと権利保護の措置を講じておく必要があります。

あるいはマイナー出資であっても、ＬＰ企業から取締役を送り込んだり、オブザーバーの席を確保するなどして、経営への関与を可能にすることも、契約に盛り込まなければなりません。

通常、こうした問題については外部の法律事務所を起用したり、社内の法務部門が対応したりしますが、ベンチャー投資に関する専門的な知見を持つ専門家は、日本はもちろん欧米でもそれほど多くはありません。起こりうるあらゆる事態を想定し、先回りしてＬＰ企業の権利を守るためには、法律の知識以上にベンチャー投資の経験とノウハウが不可欠です。その点、ＣＶＣ４・０におけるＧＰの高い専門性は極めて有効です。

コラボレーションとパートナーシップ：CVCの最重要プロセス

戦略的リターンを求める事業会社にとって、スタートアップとのコラボレーションとパートナーシップ構築は、ＣＶＣにおける最も重要なプロセスといえます。ウィン・ウィンの関係を目指して、情報や意見、アイデアなどを活発に交換することにより、互いが持つリソースを融合させて最大限に活用できなければ、新しい製品・サービスを生み出すことはできません。

事業提携につなげるためには、ＬＰである事業会社をスタートアップにいかに認知してもらうかがカギを握ります。スタートアップはすべての出資者と提携するわけではなく、自分たちの成長への貢献が期待できる事業会社を優先するからです。したがってＧＰは、スタートアップに対してＬＰ企業をうまくアピールできなければなりません。繰り返しお話ししているように、投資する事業会社と、スタートアップはお互いに選び・選ばれる関係にあるのです。

世界でも名を知られた大企業だからといって、あらゆるスタートアップが関心を示してくれるわけではありません。逆に、規模が小さかったり、一般にはあまり知られていなくても、特定の技術や販売チャネルなど、スタートアップが本当にほしいものを持っていれば、提携は実現します。

ペガサスのＧＰは、スタートアップのニーズを理解したうえで、ＬＰ企業の価値を最大限にアピールするようにしています。スタートアップが「ここと組めば成長できる」と確信すれば、提携に向けて大きく一歩前進することができるからです。

一方で、ＬＰ企業の内部にも提携に向けた課題があります。それが、事業部の壁です。事業部の使命は既存事業でより多くの収益を上げることで、そのために必要な特定の技術やアイデアをスタートアップに対して求めることはあっても、新規事業の創造に積極的に関わろうとは普通はしません。「それは経営企画部や事業開発部、あるいはＣＶＣ担当の仕事でしょ」というのが彼らの言い分です。

この点は３・０モデルまでのＣＶＣでも常にネックになってきた問題で、ＣＥＯやＣＴＯなどの経営陣の強力なサポートが解決策とされてきました。しかし、多忙な経営陣のコミットメントには限界があります。また、権限委譲されているはずのＣＶＣ責任者が、実際に事業部を簡単に動かせるほどの力を持っているケースもほとんどありません。だからこそ、この問題は長年解決されずにきたのでしょう。

ＣＶＣ４・０では、この絡み合った糸をＧＰがほぐします。事業部が飲み込みやすい形にしてスタートアップとの連携のメリットを差し出す一方で、意思決定に時間がかかる、細かな要求が多すぎるといったスタートアップ側の不満も聞き入れながら、解決に向けて動きます。

もちろんスタートアップ側にも改善すべき点はたくさんあります。PoC1つを取っても、事業部に依頼したい内容や進め方がはっきりせず、シビアなビジネスを普段から回している事業部にしてみれば、ツッコミどころが多すぎて相手にしていられない、といったことになりがちです。

しかし、PoCの計画書がそつなく書けるかどうかと、事業の成長可能性は必ずしも一致しません。PoCのプランが稚拙だからという理由だけで切り捨てるのは、スタートアップはもちろん、LP企業にとってもけっして賢明な判断ではないのです。そこでGPが間に入って手取り足取りスタートアップを支援することにより、PoCの実施、そして提携の可能性を飛躍的に高めることができます。

ペガサスでは、ファンド専属のインベストメントマネジャー（IM）がこうした業務に当たります。大企業勤務とスタートアップ立ち上げの両方を経験してそれぞれの文化や悩みを真に理解していること、ＬＰ企業とスタートアップの事業や技術、その他のリソースについても熟知していることが、ＩＭの最低条件です。

しかし何よりも重要なのは、ソーシングからデューデリジェンス、投資のプロセスを通じて、ＬＰ企業そしてスタートアップとの間で、しっかりと信頼関係を築けるかどうかです。そうでなければ、間に入って複雑な問題を解決することはできません。

ＬＰ企業とは投資後も毎週ミーティングを行い、投資したスタートアップの近況やファンド全体の運用状況を詳細に説明すると同時に、今後の投資領域などについてヒアリングと議論を重ねます。こうしておけばＬＰ企業との協業を希望する新たなスタートアップが現れた時にも、スピーディに対応してチャンスを逃さずに済みます。

イグジットまでの継続的なモニタリングとサポート

事業提携につながる確率がけっして高くないことは、すでにお話しした通りです。特に従来のＣＶＣモデルでは、提携に至らなかったスタートアップをそのまま放置していたため彼らは生き残ることができず、投資した事業会社も資金を回収できないという不幸な結果につながっていました。

その点、ＣＶＣ４・０では、提携の有無にかかわらず、ポートフォリオに含まれるすべてのスタートアップを継続的にモニタリングし、その時々で必要なサポートを行います。ファンド全体の健康管理を行うことが、投資元本を守るうえで欠かせないからです。

具体的には、①追加の資金調達、②事業開発、③イグジットの機会を、ＩＭがスタートアップに寄り添いながら模索していきます。

①の資金調達は、スタートアップが成長する過程で必要になることです。これがうまくできずに、卓越した技術やアイデアを持ちながらも消えていくスタートアップは少なくありません。
ＬＰ企業が追加出資するケースもありますが、多くの場合はＧＰがベンチャーキャピタルとしてのネットワークをフルに活用して第三者からの出資を募ります。たとえばペガサスでは、６万人に及ぶ投資家のネットワークを駆使して、資金調達を支援しています。

②の事業開発も、スタートアップにとっては切実な問題です。販売網や調達先の確保、

量産化の技術といった事業の拡大に不可欠なサポートを、ＩＭがＬＰ企業またはその他の大手企業から獲得していきます。こうした支援は、さまざまな産業に属する企業と二人組合を運用するＣＶＣ４・０のＧＰだからこそ可能で、他のＣＶＣモデルでは真似することができません。

　そして③のイグジットは、ＬＰ企業にとってもスタートアップにとっても、それまでの投資資金と努力が成果につながるか、それとも水泡に帰してしまうのかの分かれ目です。残念ながらＬＰ企業との間で提携や吸収合併に至らなかった場合でも、第三者への売却を通じてスタートアップを次のステージに進ませ、またファンドとしても投資資金を回収しなければなりません。ＬＰ企業が保有する株式の売却先や買収先を探し、いかに良い条件で交渉を取りまとめるかは、ＩＭの力量が問われるところです。

　いずれにしろ、イグジットのゴールは投資した金額よりも高い金額で第三者に売却することです。そのためには、先に挙げたような多様な手段を最適なタイミングで選択できるかどうか、そして買い手を実際に連れてこられるかどうかがカギを握ります。

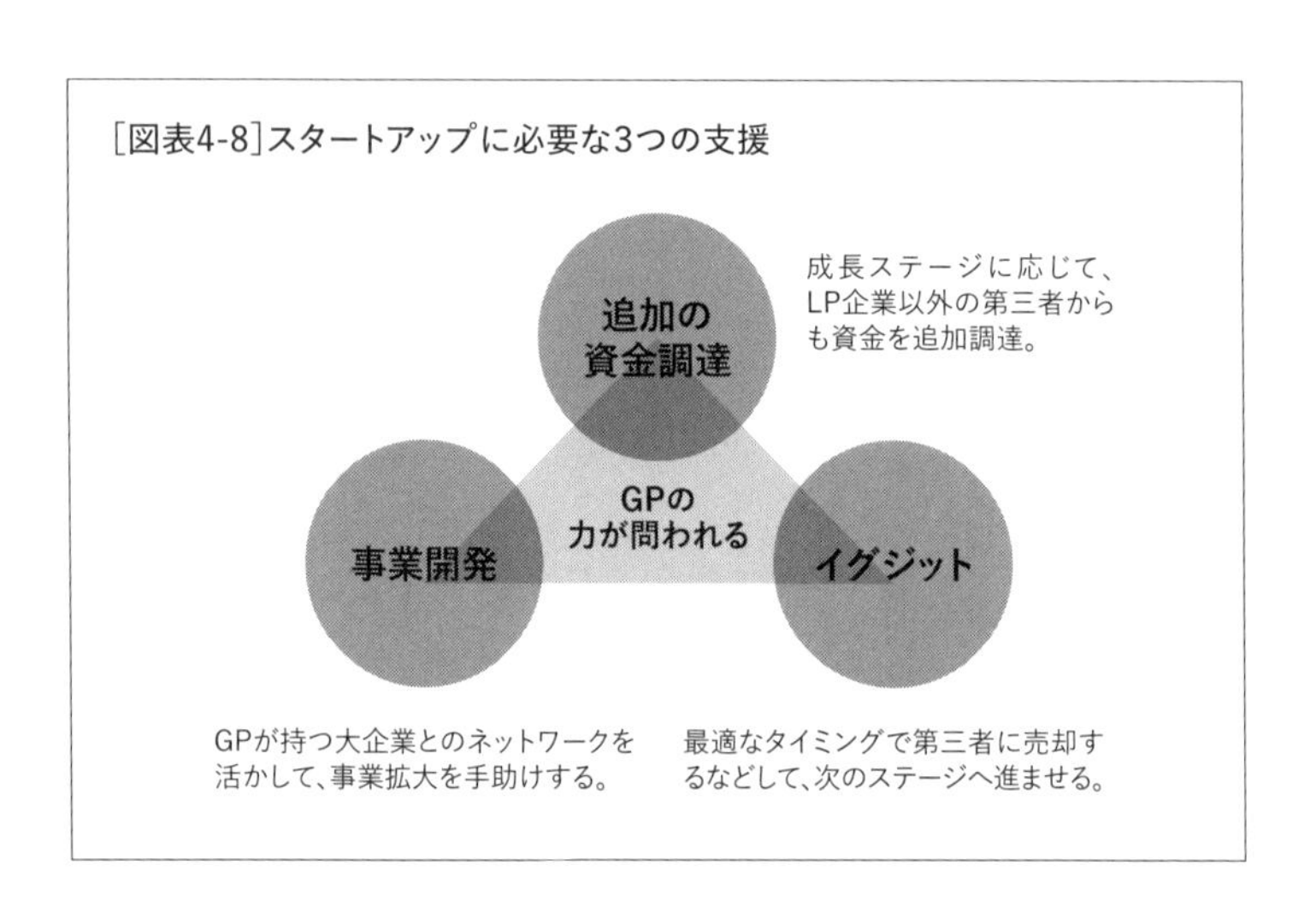

このようにイグジットさせることで、LP企業が本当に提携したいスタートアップだけがポートフォリオに残ることになります。常にこうした状態を維持することで、贅肉を削ぎ落とした効率の良いファンド運営が実現されます。

以上のようなきめ細かなモニタリングとサポートを行うためには、ベンチャーキャピタルとしての知見はもとより、個々のスタートアップのビジネスモデルに対する十分な理解が欠かせません。ポートフォリオ内の一企業という位置付けでスタートアップを見る従来のモデルでは、ここまでの手厚い支援はとても不可能でしょう。

実際、過去にＣＶＣに挑戦した事業会社の多くが、投資したまま放置しているスタートアップを複数抱えています。実はペガサスのＣＶＣ４・０では、私たちが直接関与していないそうした過去の投資案件についても、モニタリングとサポートのサービスを提供しています。率直に言ってあまり効率の良いビジネスではありませんが、日本企業がＣＶＣにまつわる失敗事例やトラウマをこれ以上抱えることだけは避けたいのです。

こうした考え方は、シリコンバレーの他のベンチャーキャピタルには、あまりにも「日本的」に見えるかもしれません。それでも、イノベーションを求める企業とスタートアップの伴走者でありたいと願うペガサスらしいやり方だと、私は信じています。

グッドプラクティスに見るイノベーションの現在地

GAFAがスタートアップを買いまくる理由

永遠に年を取らない人間がいないのと同じように、企業も老いていきます。経験や資産が積み上がる一方で、新鮮な目や頭は失われ、俊敏性や柔軟性は衰えていくのが自然の摂理です。

あのGAFAも例外ではありません。だから彼らは、これはと見込んだスタートアップを、買って、買って、買いまくるのです。スタートアップの新鮮な血を吸って永遠の命を手に入れようとしていると言ったら怒られるでしょうか。しかし、それほど外れてはいないはずです。

もちろん彼らの資金力が頭抜けているのは事実ですが、日本にも潤沢な資金を持つ企業は数多く存在します。では、なぜＧＡＦＡと同じように外部のイノベーションをうまく取り込むことができないのか。それは彼らが持つ、外部の「知」を取り入れ、自社のあらゆるリソースや優位性と掛け合わせてイノベーションを起こし続けるためのプラットフォームを、ほとんどの日本企業は持ち合わせていないからです。

この「イノベーションのプラットフォーム」を整備しない限り、どれほど大金を出して最高のスタートアップを買っても、爆発的なリターンを得ることはできません。したがって成長曲線の頂点近くで足踏みする大企業がまず目指すべきは、新たな知、それも飛び抜けて上質な知を飲み込んで、みずからの血と肉にするためのプラットフォームを手に入れることです。

ＣＶＣはそのための最も合理的かつ経済的な手段だといえるでしょう。実際、ＣＶＣ４・０モデルはすでにいくつかの企業に変革をもたらしています。

それは外から見れば、最先端を行くＡＩスタートアップとの提携、有望ベンチャーの買収、新規事業開発などの形で表れます。しかし本当に価値があるのは、成熟期にある大企業に新しい風を吹き込んだことだと私は思っています。

現に、ペガサスのCVC4・0モデルを通じてスタートアップとの提携を実現させたことで、世界有数の企業グループの中で、「イノベーションの牽引役」に位置付けられる企業も出てきています。

CVC4・0成功事例① アイシン

部課長クラスの意識が変わった

アイシン（旧アイシン精機）は、世界トップクラスのシェアを誇るA／T（自動変速機）をはじめ、自動車部品のワールドワイドサプライヤーとして知られています。ただ、その技術力の高さゆえか、従来はスタートアップとの連携には必ずしも積極的ではなかったようです。そうした姿勢はCVC活動にも表れていて、2018年にC

VC４・０モデルを導入する以前は、ファンドを組成したことがありませんでした。

しかし、EV化はもちろん、CASE（Connected, Autonomous, Shared, Electric）やMaaS（Mobility as a Service）などの新たなビジネスモデルも登場し、100年に１度の大変革期といわれる自動車業界において、これまでの同社の優位性が将来においても続くとは限りません。新しい技術やアイデアとの出会いや自社の強みとの融合が、強く求められていたのです。

CVC４・０のファンドを立ち上げるに当たって私たちがまず行ったのが、次の３つでした。１つ目は、経営企画部門の担当者にCVCに対する理解を深めていただくことです。基礎から習得するための研修機会を設けました。

２つ目は、社内の受け皿づくりです。どれほどCVC担当者が優秀でやる気に満ちていても、投資案件をキャッチして、事業部につなぐ体制が社内に整っていなければ、スタートアップとの提携にはつながりません。これまでに私たちが何度も遭遇した、大企業ならではの課題を１つずつ解消していきながら、組織体制の構築をサポートしました。

そして3つ目が、第一線で事業を引っ張る部課長クラスの意識改革のお手伝いです。体制を整えて、筋の良いボールを投げても、見送られてばかりいたら話になりません。現場レベルにおけるイノベーションに対する意識を高めるために、2年間で100名以上の部課長クラスのエンジニアをシリコンバレーに招き、スタートアップと集中面談するとともに、シリコンバレーの雰囲気を体感していただくことでマインドを変革し、その後の外部連携が加速しました。

部課長クラスが100人単位で、スタートアップ投資のための研修を受けたという話は、ほかに聞いたことがありません。収益をつくる最前線のリーダーたちが1週間も現場を離れるのは、会社にとっても勇気のいる判断だったはずです。それでもアイシンの経営陣は、中長期的には現場の意識改革を優先すべきだと考えたのでしょう。

結論から言えば、これは大正解でした。シリコンバレー駐在のCVC担当者はもちろん、本社のキャッチャー役も、事業サイドのリーダーも、みんながペガサス大学の卒業生、言ってみれば同窓生という状況をつくることができたからです。

こうしてスタートアップ投資に関する共通の理解と一定の知識を持ってCVC活動を展開していった結果、ファンドは目に見える成果を上げていきます。

ベストパートナーはどこにいるのか

なかでも、ヨシュア・ベンジオが率いるカナダのエレメントＡＩ（Element AI）とアイシンの共同開発プロジェクトは、大きなニュースとなりました。ベンジオ氏はディープラーニングの分野で世界トップ３に数えられる研究者で、コンピューティング界のノーベル賞とも呼ばれるチューリング賞も受賞しています。

ＡＩ分野への投資を希望する企業、つまりほとんどすべての企業にとって、エレメントＡＩとのパートナーシップは、喉から手が出るほど実現したい案件と言っていいでしょう。一方のアイシンはといえば、日本ではもちろん、世界でも高く評価されている……と、日本の方がそう思う気持ちはよくわかります。しかし実は、自動車業界を離れると知名度は必ずしも高くはありません。

では、なぜエレメントＡＩはアイシンとパートナーシップを組むことを選んだのでしょうか。もちろんトヨタグループの中でも中核を成す企業であることは、１つの大きな理由です。ビジネスに携わる人で、トヨタを知らない人は、世界中どこを探してもいないでしょう。ですから私たちはまず、これを足がかりにアイシンの技術力やものづくり力の高さ、事業開発の可能性についてエレメントＡＩ側にアピールしていきました。

しかし、トヨタの存在を抜きにしても、エレメントＡＩにとってアイシンはベストパートナーになると私は考えていました。

ＡＩはさまざまな産業に変革をもたらすとされますが、ＡＩ技術を持つ企業だけでは不可能なので、各産業のプレーヤーとタッグを組んで実装を進める必要があります。この時、ＡＩ企業にとって最高のパートナーは、ヘルスケアならヘルスケア、金融なら金融、産業用ロボットなら産業用ロボットといった、それぞれの産業のナンバーワン企業です。

では、自動車産業におけるベストパートナーはどこか。テスラ（Tesla）、トヨタ、フォルクスワーゲン（Volkswagen）……。たしかにそれも悪くありません。しかし、自動車メーカーの枠に縛られないとしたらどうでしょう。ビジネスの可能性を無限に広げることができます。

アイシンの顧客には、日本のほとんどの自動車メーカーに加えて、ルノー（Renault）、

BMW、フォード（Ford）、ゼネラルモーターズ、現代（Hyndai）、ボルボ（Volvo）などが含まれます。つまり、アイシンと組めば、世界のさまざまなメーカーの自動車に自社のAI技術を搭載することができる。この私の提案は、エレメントAIを納得させるのに十分だったようです。

2019年秋、アイシンとエレメントAIは戦略的提携関係を結び、共同開発プロジェクトを開始しました。

劇的に広がったイノベーション対象領域

アイシンがAIスタートアップとの提携を必要としていた背景には、「AIのブラックボックス化」問題がありました。

工場の自動化が進んだことで検査効率が大幅に向上した一方、なぜそれを良品あるいは不良品と見極めたのか、AIが説明できないという問題が生じていたのです。これでは納品先に対する品質保証ができないので、絶対的な安全性が要求される自動車産業において、AIは使えないということになりかねません。こうした理由から、「説明可能なＡＩ」が求められていたのです。もちろんアイシンとしても研究開発を行っていましたが、スピードが物を言う世界です。単独でやるよりも高い技術を持つスタートアップと提携したほうが有利なことは明らかでした。

一方のＡＩスタートアップにとっても、一般に公開されているオープンデータセットによる技術検証だけでは限界があります。世界各地に工場を持ち、多くの製品を生産するグローバルメーカーとの提携は願ってもないチャンスです。

つまり、アイシンとエレメントＡＩの提携は、双方にとって得るものの多いウィン・ウィンの関係だったわけです。しかし、もし仮にＣＶＣ４・０のファンドがなければ、両社が出会うことはなかったかもしれません。

私はエンジニアの出身ですし、日本のものづくりにも尊敬の念を抱いています。ですから、新しい技術が広く浸透して社会が良くなったり、日本のメーカーがいま以上に元気になるのは、個人的にもとても嬉しいことです。こういう時、ＣＶＣに携わっていて良かったと心から思います。

ただし、エレメントＡＩとの提携はアイシンにとってＣＶＣによる成果の１つ、イノベーションへの端緒にすぎません。より大きな変化は、将来の成長シナリオを描くための視野が、これまで以上に広がったということでしょう。

アイシンはファンドを組成して以降２０２１年までの間に、３５００を超す投資案件を発掘し、そのうち約50のスタートアップとの間で提携にまで進み、約15社に出資を行ってきました。このように数多くの投資案件を見て、提携や出資を検討するうちに、関心領域が広がっていったのです。

当初の発掘対象は、本業であるモビリティ、物流、産業用ロボットなどの分野に集中していました。それが現在では、エネルギー、ヘルスケア、カーボンニュートラルなどの幅広い分野に拡大しています。

２０２０年には、毎年ラスベガスで開催され、世界中の関係者が集まるコンシューマーエレクトロニクスの見本市ＣＥＳ（Consumer Electric Show）にも参加しました。アイシンブースでＣＶＣの取り組みを紹介すると同時に、実際に技術連携しているスタートアップを紹介したり、多くのスタートアップと集中面談を行ったことで、アイシンがオープンイノベーションに積極的な企業であることが世界中に印象付けられたはずです。世界のトップクラスのスタートアップが、この先さらにアイシンに注目することは間違いないでしょう。

［図表4-9］アイシンに見るイノベーション対象領域の拡大

発掘したスタートアップ 3500社以上	
提携件数 約50社	出資件数 約15社

従来の関心領域

モビリティ

物流

生技・ロボティックス

新たに追加された関心領域

エネルギー

旅行・おもてなし

保険

ヘルスケア

スマートシティ

フードテック

etc...

数多くのスタートアップを見たうえで事業提携や出資を行うことにより、イノベーション対象領域が大幅に拡大した。

CVC4・0成功事例②　イノテック

激変する半導体市場における挑戦

アイシンのような超大企業でないと、世界トップレベルのスタートアップと提携するのは難しいのではないか。そう思われた方もいるかもしれませんが、それは間違いです。売上高にして数百億円から1000億円未満の中堅企業の中にも、CVC4・0を通じて新規事業の開発や市場開拓に成功したケースはあります。ここでは、そのうち2社について紹介したいと思います。

1社目は、半導体設計ツールや半導体テスターなどを取り扱うエレクトロニクス商社のイノテック。売上高300億円の東証一部上場企業です。

半導体市場は5G（第5世代通信）やAI、IoTなどの次世代成長市場の拡大に伴って活況が続いていますが、その裏では近年、半導体メーカーの再編とそれに伴う半導体商社の再編が加速化しています。

日本の半導体商社はこれまで、高度な技術サポートを提供することで独自の価値を追求してきました。しかし、メーカーによる直販や、顧客管理やマーケティング機能の自動化が進んだことにより、存在意義そのものが問われるようになっているのです。

このような環境にあってイノテックが掲げたのが、メーカー機能を強化する方針でした。ソフトウェアとハードウェアに加えて、新規分野への取り組みを積極的に行い、高収益型ビジネスへの転換を図るというものです。

そのためのアプローチの1つとして選択したのが、CVC4・0の活用でした。これまで大企業との取引が主だったイノテックですが、新しい技術、新しいビジネスを求める以上、スタートアップとの提携は欠かせません。こうして2015年2月、ペガサスをGPとする投資ファンドが組成されました。

高く評価されたイノテックのアジア展開実績

イノテックファンドの最も象徴的な案件は、産業用ロボット向けのAIソフトウェアを開発するオサロ（Osaro）への投資でしょう。２０１７年４月、イノテックファンドはオサロに対して約１億円の投資を行いました。これはオサロにとってシリーズＡの投資ですが、注目すべきは、その前のシードラウンドの投資家の顔ぶれです。

ペイパルの共同創業者で、シリコンバレーでは「ペイパルマフィアのドン」と呼ばれるほどの影響力を持つピーター・ティール。ヤフーの共同創業者で、当時まだ無名の中国企業だったアリババへの投資を決めたジェリー・ヤン。この２人が、オサロに計３・３億円出資していたのです。

これを見ても、オサロがどれほど大きな可能性を秘めているかわかるでしょう。事実、シリーズＡでは、イノテックのほかに、アイロボットや米ケーブルテレビ最大手のコムキャスト（Comcast）傘下のコムキャスト・ベンチャー（Comcast Venture）などが、競うようにしてオサロへの出資を決めています。

なぜ、こうしたメンバーの中にイノテックのファンドは入ることができたのでしょうか。理由は２つ。１つは、ペガサスがＧＰを務める他のＣＶＣファンドの資金と抱き合わせる形で、オサロにとっても十分に魅力的な投資額を提示できたことです。Ｃ

VC4・0のファンドであっても、すべての案件で戦略的リターンを追求するわけではありません。自社との協業や提携の可能性は低くても、高い経済的リターンが見込めるから投資するというケースもたくさんあります。そうしたファンドにとっても、オサロは極めて魅力的な投資対象でした。

もう1つは、これまで多くの海外の技術を日本に持ってきて、国内はもちろんアジア各国で展開してきたイノテックの実績を、オサロが高く評価したからです。

いくら優れた技術でも、どこの製造現場などでも使えるシステムはほとんど存在しません。国をまたいで工場の環境や言語が違えばなおさらのこと、用途に応じて現場に最適な形で適用させるシステムインテグレーションやローカライゼーションが不可欠となります。この点において、イノテックの実力と実績は折り紙付きでした。

私たちは、販売面でもイノテックがベストパートナーであると、オサロにアピールしました。日本国内はもちろんアジア各国のメーカーに太いパイプを持ち、高度で細やかなサポートを提供しながら実装を進めていくこともできます。事業をスケールアウトするうえで、イノテックの販売力は欠かせないものになると強調したのです。

［図表4-10］AIスタートアップとのコラボによる食品ピッキングソリューション

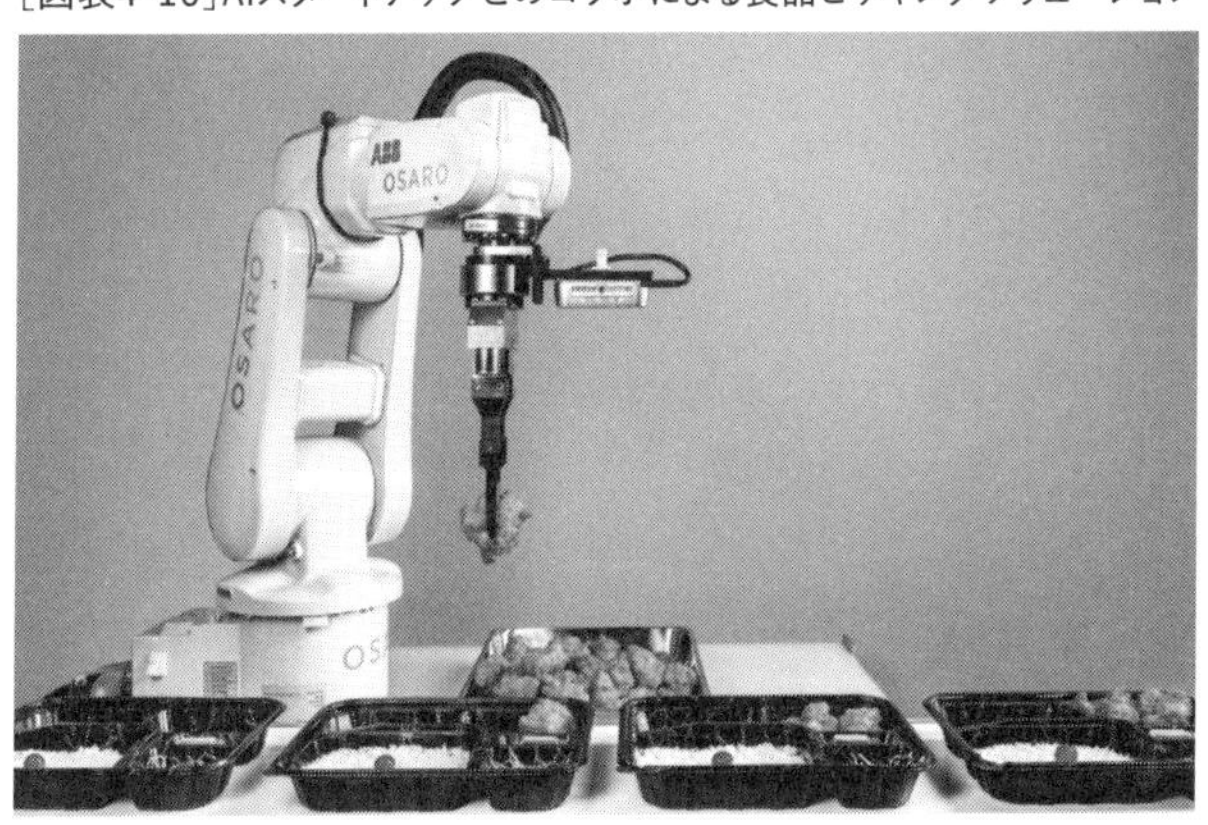

AIスタートアップのオサロとのコラボによって、大量のセンサーを用いた知覚機能と意思決定機能を備えたピッキングソリューションが実現。見た目のパターンが無限にあるため困難とされていた食品のピッキングも可能になった。

その結果、テクニカルパートナーシップ契約を両社は結ぶことになりました。現在、オサロが開発したピッキング作業ロボットは、イノテックの提案により、食品業界や医薬品などの製造工場で使われています。

世界トップクラスのスタートアップが、誰もが知る超有名企業との連携を望んでいるとは限りません。自分たちの計り知れない可能性と、その一方で埋めなければならないミッシングピースが何であるかを知っているからこそ、それを持つ相手を彼らは冷静に選びます。最強のパートナーシップとは本来、こういうものなのです。

感情認識AIのリーディングカンパニーとのタッグ

もう1つ、中堅企業のケースを紹介しましょう。売上高500億円を超す東証一部上場のシステムインテグレーター、CACホールディングスです。2015年に約22億円を投じてCVC4・0のファンドを組成しました。

2021年の現時点までに2800以上の投資案件を発掘し、うち15社以上に出資。1社と事業提携に至っています。その1社が、人間の感情を認識するAIを手がけるアフェクティバ（Affectiva）です。2016年5月に約1億円を投資し、そのわずか2カ月後には販売代理店契約を締結しました。

人の感情を理解して表現する感情コンピューティングは、医療、教育、モビリティ、エンタテインメントなど、さまざまな領域で活用が広がっている成長著しい分野です。なかでもアフェクティバは、感情コンピューティングの概念を最初に提唱したとされるＭＩＴのロザリンド・ピカード教授が起業したスタートアップで、この分野におけるリーディングカンパニーです。

残念ながら日本発のＡＩスタートアップは、数の点でも質の面でも世界に後れを取っているのが現状です。システムインテグレーターとしてこの技術を新たな成長事業にするためには、海外、それも世界でも指折りのスタートアップと組むのが、ＣＡＣにとって最も賢明な判断であったことは確かでしょう。投資から事業提携に至るまでのスピードの速さが物語るように、この技術に対するＣＡＣの期待は大きく、代理店契約を結ぶと、すぐに日本での市場拡大に向けて動き出します。日本市場用にローカライズしたソフトウェアの販売はもちろん、導入のコンサルティング、システム構築、メンテナンスとサポートを提供し、広告、保険、教育研修などの幅広い業種に感情コンピューティングのシステムを導入していきました。

一方のアフェクティバにとっても、大手金融機関や自治体などの顧客を持つことや、これまでにも海外のシステムを日本向けにローカライズして展開した多くの実績があることなど、ＣＡＣは最良のパートナーでした。さらに中国やインドにも早くから進出している点も、日本を足がかりにアジア圏への展開を狙うアフェクティバの戦略にかなったものだったはずです。

資金以外にどんな価値を提供できるか

こうして見ると、何十億円、何百億円といった金額を用意しなくても、マッチングやアプローチの仕方次第で、世界のトップクラスのスタートアップに手が届くことがわかっていただけるはずです。

彼らが必要としているのは資金だけではありません。特にAIなどのホットな分野の場合、お金の出し手はいくらでもいるので、それ以外のことでどう組めるか、どんな価値を提供してくれるかということのほうが大きな意味を持ちます。有望なスタートアップであればあるほど、その傾向は顕著です。つまり、技術や実績のある企業であれば、シリコンバレーの腕利きのベンチャーキャピタリストたちが羨む投資も夢ではないということです。特に日本企業に関しては、相手の技術やビジネスに敬意を払う姿勢が、スタートアップから高く評価されている点も有利に働きます。

グーグルに数百億円で買収されるよりも、日本企業からの出資を受けて一緒にビジネスを大きくしていきたいと考えるスタートアップは、皆さんが考えるよりもずっと多く存在することを忘れないでください。

［図表4-11］さまざまな産業に展開する感情認識AI

AIスタートアップのアフェクティバが開発した感情認識ソフトを、CACが日本のさまざまな産業領域に実装することで、可能性が広がっている。

本書では、ＣＶＣ４・０活用の成功事例として、アイシン、イノテック、ＣＡＣホールディングスの３つのケースをご紹介しましたが、我々ペガサスは、この３社を含めた35社以上の大手企業とＣＶＣ４・０ファンドを組成しています（２０２１年8月現在）。双日、セガサミーホールディングス、サニーヘルス、帝人、インフォコムなどなど、その顔ぶれは多様な業種に及びます。

２０２１年春には、ＣＶＣ４・０を活用するパートナー企業に、新たな2社が加わりました。

1社目は、自動エンジンの点火プラグでは世界一、排ガスセンサーでも世界トップクラスのシェアを獲得している日本特殊陶業です。高いセラミック技術を誇り、産業用セラミック、半導体製造装置、機械工具、医療関連などの領域で事業を展開しています。

ただし、同社を取り巻く外部環境は大きく変わりつつあります。欧米や中国でガソリン車やディーゼル車などの新車販売を将来的に禁止する政策が打ち出されるなど、内燃機関向けの市場は縮小することが確実視されているからです。そのため同社では、２０２０年4月よりスタートした長期経営計画において事業ポートフォリオの転換を掲げ、環境・エネルギー、モビリティ、医療、情報通信などを注力領域とした新規事業の創出を進めてきました。

従来は部署ごとで新規事業投資を行ってきましたが、ペガサスとともに投資ファンドを設立したのを機に、全社で一元的に取り組む体制が新たに構築されました。今後はＣＶＣ４・０ファンドを通して、シリコンバレーをはじめとするアメリカ、ヨーロッパ、イスラエル、アジア諸国などの世界のトップクラスのスタートアップへの資金提供と事業提携を通して、新規事業の創出と事業ポートフォリオの転換を加速させる予定です。

外部環境の変化や技術革新によって事業転換を迫られることは、どのような企業にも起こりうる事態です。しかし、そうした状況にあっても、これまで築いてきた高い技術力やグローバルでの生産・販売体制、そしてそれを支えるオペレーション能力などのコアコンピタンスが失われることはありません。そうした強みを新しい可能性とかけ合わせれば、持続可能な成長は必ず実現できるはずです。

日本特殊陶業とともに取り組む挑戦を通じて、伝統的な日本企業にとっての成功モデルの１つを示すことができれば、ペガサスにとってもこれほど嬉しいことはありません。

そして2社目は、皆さんもよくご存じの通信販売大手、ジャパネットホールディングスです。２０２1年3月にペガサスと約50億円規模のファンドを組成し、世界のスタートアップへの投資活動を開始しました。

ジャパネットグループは、主軸の通信販売事業に加え、スポーツ・地域創生事業をもう1つの柱と位置付け、２０１8年より、「長崎スタジアムシティプロジェクト」という新たな街づくり構想を進めてきました。本社を置く長崎において、サッカースタジアムを中心に、オフィス、商業施設、教育施設、ホテル、マンションなどの周辺施設を開発する一大プロジェクトです。

そして、この長崎スタジアムシティプロジェクトを強力にバックアップする施策の1つとして組み込まれたのが、今回のＣＶＣ４・０ファンドです。

それに際し、ジャパネットグループの髙田旭人ＣＥＯは、こう語っています。

「投資ファンドの立ち上げにより、２０２４年に開業を目指している『長崎スタジアムシティ』で活用できる新たなサービスや、子どもの教育、シニアの方の生きがいにつながるような、生活をより豊かにする最先端技術を持つ企業を見つけ出し、磨くことで世の中により良い製品・サービスを創出していきたい」

我々ペガサスチームも、一企業のイノベーションという枠を超えた壮大な挑戦に胸を躍らせると同時に、その責任の重さを痛感しながら、全力で準備を進めています。このプロジェクトの具体的な成果は、また別の機会にあらためてご報告できればと思っています。

終章
未来を切り拓くための選択

アニス・ウッザマン／米倉誠一郎 著

いまこそ変わるために必要なこと
ジャスト・ドゥ・イット！

イノベーション不足に悩むのは日本だけではない

既存の主力事業に代わる新たなビジネスが生み出せない、10年後、20年後の未来が見通せない――。そんな日本企業の声をよく聞きます。しかし、過去の成功体験に加え、良くも悪くも豊富なリソースを持つ大企業でイノベーションが起こりにくいのは、日本に限ったことではありません。だからこそ世界のトップクラスの企業は、常にスタートアップに投資して、その成長を貪欲に取り込んでいるのです。

ＣＶＣの起源については諸説ありますが、１９１４年に化学メーカーのデュポン(DuPont)が、創業間もないゼネラルモーターズに投資したのが、現在のＣＶＣの起源ともいわれています。第１次世界大戦後の不況で経営危機に陥っていたゼネラルモーターズは、デュポンの資金によって持ち直し、その後の急成長によって大株主であるデュポンも巨額の利益を手にしました。

しかし、両社が手にしたのはそうした直接的なリターンだけではありません。デュポンは成長著しい自動車向けの市場を獲得し、ゼネラルモーターズは製造設備や製造技術の面でデュポンのサポートを受け、順調に事業を拡大することに成功します。さらに両社は、協業によって新たな素材や技術を開発しました。

何より、デュポンによる投資の最大の成果は、ゼネラルモーターズの中からのちに世界で最も優れた経営者となるアルフレッド・スローンを見出し、彼を再建の中核に据えたことでした。デュポンは資金を投資しただけでなく、ヒト・モノ・カネ・情報すべての経営資源にフルコミットしたのです。デュポンの後押しによってスローンは、事業部制や管理会計など、のちに世界標準となる先進的なマネジメントシステムを確立したのでした。

その後、1957年に反トラスト法が適用されてデュポンはゼネラルモーターズの株式を売却しますが、両社の実質的な協業はその後も続きました。経済的リターンのみならず戦略的リターンも獲得した、まさにCVCの誕生にふさわしいケースといえるでしょう。

デュポンは、変化することで長い時間を生き延びてきた企業です。火薬メーカーとして創業し、世界大戦のたびに成長を遂げました。戦後、化学産業に進出すると、合成ゴム、ナイロン、テフロンなどの新素材の開発に次々に成功し、ワールドクラスの企業に名を連ねます。しかし、その後も変化を止めることはなく、吸収合併しては売却を繰り返し、事業ポートフォリオの組み替えを行っていきます。

近年では創業200年を前に「脱化学メーカー」の方針を掲げると、傘下の石油企業を売却。その資金で来るべき食糧不足を視野に種子メーカーを買収するなど、ドラスティックな変革を断行しました。そして2017年には長年のライバルであったダウ・ケミカルと経営統合。さらにその2年後には再分割するなど、いまもなお目まぐるしい動きを見せています。

まるで動くのを止めると死んでしまう魚のようなその歴史を見ていると、自社だけで変革を実現するのには限界があること、そしていかに「他力」が重要であるかがわかります。M&Aにより新しい血を入れ、自社の知と掛け合わせることでイノベーションを起こしてきたデュポンの歩みは、いまグーグルやアップルがやっていることと本質的には変わりません。時に本業を否定し、他力を取り込みながら、みずから変わり続けようとするその姿勢は、大いに学ぶべきでしょう。

もちろん日本企業の歴史の中にも、大胆な統合や連鎖的なスピンオフを通じてダイナミックな成長を遂げた事例もたくさんあります。古くは多角化を次々と進めた三井・三菱財閥、戦後では八幡製鐵と富士製鐵の再合併による世界最大の鉄鋼企業・新日鉄の誕生や、日産自動車とプリンス自動車の合併です。また、富士電機から分離独立した富士通と、その富士通から生まれたファナックもあります。さらに、富士フイルムと米国ゼロックスの合併で誕生した富士ゼロックスは、本家のゼロックスをしのぐほどのイノベーションを成し遂げました。そして圧巻なのは、銀鉛フィルムという本業を喪失しても、蓄積した技術とM&Aによってカムバックした富士フイルムです。

こうした世界と日本の歴史からわかるのは、どんなに革新的な技術や優秀な人材を持つ企業であっても、他力活用やダイナミックな経営資源の入れ替えなしにイノベーションを起こし続けることは不可能だということです。

ただ、この他力活用やダイナミックな経営資源の入れ替えを、日本企業の多くが苦手としているのは否定できません。イノベーションが起きない理由については、経営人材や組織の問題、社会構造などさまざま指摘されていますが、我々はこの「他力の欠如」こそが、最大のボトルネックであると考えています。

その意味では、自社にはない外部の力、それも可能性と勢いに満ちたスタートアップの力をうまく取り込む仕組みさえあれば、もう一段、二段の成長を必ず遂げられるはずです。その仕組みとは、CVC4・0にほかなりません。

これまでの何度かのブームで、CVCに悪い印象を持っている方がいるのも事実です。しかし我々から見れば、従来のCVCモデルはイノベーションを求める企業にはまるでそぐわない仕組みで、思うような成果が得られなかったのはむしろ当然です。だとすれば、再び同じ過ちを繰り返す理由がどこにあるのでしょうか。CVCブームの再到来といわれるいまだからこそ、過去の負けパターンから脱却する必要があります。

「空飛ぶクルマに乗ってみる」——メンタルロックの解除

皆さんは、「空飛ぶクルマ」に乗ったことがありますか。筆者の一人であるアニスは、その経験があります。人が乗ることができる大型のドローンをイメージしていただければいいでしょう。

デモ飛行なので実際の街を飛んだわけではありませんが、スーッと垂直に浮上したかと思うと、前後左右に滑らかに移動するその動きは、自動車はもちろん、飛行機ともヘリコプターともまるで違います。普通自動車3台分くらいの駐車スペースがあれば、どこでも好きな場所から行きたい所へ点から点で移動できるのだから、まさに移動革命にふさわしい技術といえるでしょう。

ただしここでお話ししたいのは、この垂直離着陸機の開発競争の様相や、それを手がける有望ベンチャーについてではありません。大事なのは、空飛ぶクルマに乗った途端に「目線が変わる」ということ。それをお伝えしたいのです。

道路をなぞって進む必要も、信号に止められることもありません（実際にたくさん飛ぶようになれば、交通整理は必要でしょうが)。さえぎるものもないので遠くまで見通せるし、さっきまで自分が立っていた場所が小さく見えます。アニス自身、空飛ぶクルマという一つのツールによって、自分の可能性が拡張したような気がしたそうです。近い将来、実用化されれば、それまで不可能だった時間の使い方ができるようになり、現場に足を運んでじかに物に触れたり、もっと多くの人と会って話ができるようになる。それはアニスにとって新しい挑戦と成長を予感させるに十分な体験でした。

同様に、スポーツ心理学の分野で明らかになったことがあります。それは、記録の限界を決めているのは肉体的(フィジカル)な制約ではなく、むしろ精神的(メンタル)な制約だということです。さまざまな競技において「○秒を切るのは無理」「○メートルを飛ぶのは無理」といった物理的限界は、不思議なことに、誰かがそれを達成すると記録が次々と更新されることが多々あります。人間は無意識に自分の能力にカギ(メンタルロック)をかけてしまうのです。

イノベーションも同じではないでしょうか。もう自分たちにはイノベーションなど起こせないとメンタルロックをかけているならば、それは大きな間違いです。少し目線を上げて、新しい空気を吸い込めば、「自分たちにもできる」ときっと思えるはずです。

ＣＶＣ４・０はそのためのツールです。このツールに乗ることで、視座を高めて遠くまで見通し、これまでとは違う方法でジャンプすることが可能になります。

日本は輝きを取り戻せる

子ども時代にメカ好きだったアニスにとって、ソニーや松下はまさにアイドルでした。その後に日本に留学し、仕事を通じて多くの日本企業と関わるうちに、日本にはそうしたビッグネーム企業以外にも、宝石のような会社や技術がたくさんあることを知りました。そうした企業が日本経済の長引く低迷によって自信や意欲を失い、そのまま埋もれてしまうことは何としてでも避けたい。それがアニスの願いです。

米倉も１９８０年代に米国留学した経験がありますが、アメリカで暮らし学ぶ中で、当時の日本企業の力強さやイノベーティブぶりを心底誇りに思った記憶があります。だからこそ、その輝きがこのまま失われてしまうのは、あまりに忍びない。しかも、その輝きの本質である「丁寧に物をつくる」「品質に誇りを持つ」「誠実に顧客に対応する」「チームで勝つ」などの特性は、いまだに世界が求めるものなのです。

人類の歴史上、イノベーションは常に社会と経済の発展のカギを握ってきました。いまよりももっと良い未来、楽しい社会を実現するためには、不断のイノベーションが欠かせません。今日、その聖地はシリコンバレーや北京、あるいはロンドンかもしれません。しかし、明日には東京が最もイノベーティブな都市になっている。そんな可能性を否定できる人はいないはずです。

「空飛ぶクルマ」というイノベーションを起こすためのツールはいま、皆さん一人ひとりの目の前にあります。後は、みずから手に取って、トランスフォームへの一歩を踏み出すかどうか。その選択は、あなたに託されています。

Just do it!

我々がいまの日本に叫びたいのは、この一言なのです。

おわりに

最近、国や企業の競争力はけっして短距離競走ではないとつくづく思う。興隆する時もあれば減退する時もある。古代からの歴史を振り返っても、主役は交代し続けている、中国のように再び歴史の前面に登場するケースもあるが、エジプト、ギリシャ、ペルシャ、トルコなどのように、かつての覇者がある意味低迷を続けるケースもある。産業革命が始まってからの近代史においても、主役の交代あるいは盛衰は顕著で、依然覇権のゲームは続いている。さらに20世紀後半の現代史にあっても、巨大企業の大量生産・大量販売によるグローバルマーケットのシェア争奪において、アメリカ、ドイツ、イギリス、フランス、イタリア、韓国、そして日本企業がしのぎを削ってきた。

さて、21世紀に突入した現在は、インターネット、ＡＩ、ゲノム解析など、まったく新しい技術の登場によって競争のパターンは劇的に変化し、プレーヤーのあり方も多様化した。そうした企業や組織成員の国籍から、一律に「国の競争力」をうんぬんすることなどもはやナンセンスな問題設定となりつつある。このような状況認識にあって、我々がなぜあえて日本企業とシリコンバレーを結び付けることに活路を見出そうとしているのかといえば、この両者が最も典型的に新しい可能性を持っているからだ。

本書で詳述したように、シリコンバレーには「新しい企業や産業を生み出す唯一無二のエコシステム」が存在している。一方の日本企業は、1990年代までに卓越したオペレーショナルエクセレンスを通じて、類稀なる品質と国際競争力を発揮してきた。シリコンバレーはますます隆盛を極めているが、日本企業は1990年代以降のゲームチェンジに乗り遅れ、長い低迷を続けている。つまりこの両者は、足りないものを持ち合わせている、言わば凸凹コンビなのだ。創造性（クリエイティビティ＝0から1へ）に優れたシリコンバレーと、経営管理・品質管理（プロセスとクオリティのコントロール＝1から100へ）に優れた日本企業は、最強の相互補完になる可能性が高いのである。

実はこうした多様性の取り込み方は、スポーツの世界では当たり前になっている。日本ラグビーのワンチームも世界の力を結集したチームだし、テニスの大坂なおみ選手やバスケットボールの八村塁選手もハイブリッドである。さらに、大リーグに二刀流という古くて新しい発想を再注入した大谷翔平選手も、言わば新しい組み合わせである。

そして何より彼らが素晴らしいのは、全員の視線が日本を超えたグローバルナンバーワンだということである。なぜ日本企業も同様の挑戦をしないのか、不思議でならない。

もちろん、本書のCVC4・0はアプローチの一つであり、それだけが正解というわけではない。しかし、シリコンバレーに蓄積されたエコシステムと日本企業に蓄積された経営資源をフルリソース型で組み合わせるというアイデアは極めて有効であり、しかも即効性が高いと思える。

第1章で述べたように、国際競争力の確立には、①人口に膾炙する新しいビジネスモデルの提唱（本書で言うCVC4・0、まだこなれていない名称だが時代がもっといい名前をつけてくれるだろう）、②強みの検証と実行、③意思決定者の多様性確保、これらが必要不可欠である。本書の提言はまさにこの3要素を可能としているわけだが、特に複雑なシリコンバレーの地に精通した水先案内人を得たフルリソース型のCVC投資は、日本企業の失地回復のスピードを加速するだろう。最後には、協業した世界のスタートアップ経営者たちが日本企業のトップに就く日が来たら本望だ。

共著者アニスが述べるように、いまこそ「空飛ぶクルマに乗る」ような決断と体験が必要である。優れた技術やノウハウを持つ日本企業にとって、シリコンバレーはけっして不足のない舞台である。野球で言えば大リーグ、テニスで言えばウィンブルドン、ミュージカルで言えばブロードウェイ。一度は必ず本気で挑戦すべき場所であり、最も挑戦しがいのある舞台である。そして、一度立ってしまえばメンタルロックが解除され、次々と新しい記録が更新されるはずだと我々は確信している。

2人とも国籍はともかく、大の日本ファンである。どうせなら日本企業と一緒に世界の最高峰に登ってみたい2人なのである。Let's go together!

2021年8月、猛暑のオリンピックとコロナ禍の夏に。

米倉誠一郎

CB Insights「The 2020 Global CVC Report」
https://www.cbinsights.com/research/report/corporate-venture-capital-trends-2020/

日本ベンチャーキャピタル協会
「我が国のコーポレートベンチャリング・ディベロップメントに関する調査研究 2019」
https://www.meti.go.jp/meti_lib/report/H30FY/000148.pdf

PwC Japan グループ「CVC 実態調査」
https://www.pwc.com/jp/ja/knowledge/thoughtleadership/tmt-cvc.html

米倉誠一郎［著］
『経営革命の構造』（岩波書店、1999）

米倉誠一郎／清水 洋［著］
『オープン・イノベーションのマネジメント』（有斐閣、2015）

アルフレッド・D・チャンドラー , Jr.［著］
『組織は戦略に従う』（ダイヤモンド社、2004）

アニス・ウッザマン［著］
『スタートアップ・バイブル』（講談社、2013）

アニス・ウッザマン［著］
『世界の投資家は、日本企業の何を見ているのか？』
（KADOKAWA／中経出版、2015）

デイビッド・ロック／ハイディ・グラント［著］
「多様性があるチームほど聡明な 3 つの理由」
『DIAMOND ハーバード・ビジネス・レビュー』2016 年 1 月号
（ダイヤモンド社）

[参考文献]

IMF「世界の名目 GDP ランキング」
https://www.globalnote.jp/post-1409.html

日本生産性本部「労働生産性の国際比較 2020」
https://www.jpc-net.jp/research/assets/pdf/report_2020.pdf

OECD 東京センター「OECD 主要統計：平均賃金」
https://data.oecd.org/earnwage/average-wages.htm

三菱総合研究所「IMD『世界競争年鑑 2020』から見る日本の競争力」
https://www.mri.co.jp/knowledge/insight/20201008.html

Reputation Institute「The World's Most Reputable Countries 2019」
https://www.forbes.com/sites/vickyvalet/2019/10/15/the-worlds-most-reputable-countries-2019/?sh=2fc6b1014cb8

BBC「世界影響度調査 2017」
https://jihirog.air-nifty.com/blog/2017/08/bbc-world-poll.html

ISEAS「The State of Southeast Asia」
https://www.iseas.edu.sg/wp-content/uploads/pdfs/TheStateofSEASurveyReport_2020.pdf

内閣府 男女共同参画局「女性役員情報サイト」
https://www.gender.go.jp/policy/mieruka/company/yakuin.html

内閣府 男女共同参画局「共同参画」2021 年 5月号
https://www.gender.go.jp/public/kyodosankaku/2021/202105/202105_05.html

Startup Genome「Global Startup Ecosystem Ranking 2020」
https://startupgenome.com/report/gser2020

[SPECIAL THANKS]

宮田和美
（ダイヤモンド社）

相澤摂
（エノローグ）

海野あやか
（Pegasus Tech Ventures）

Keiko Yamaoka
（Pegasus Tech Ventures）

Eri Ueda
（Pegasus Tech Ventures）

Ryosuke Kojima
（Pegasus Tech Ventures）

Yuko Glodek
（Pegasus Tech Ventures）

Katsuma Miyagawa
（Pegasus Tech Ventures）

Harumi Akimoto
（Pegasus Tech Ventures）

［著者］
アニス・ウッザマン（あにす・うっざまん）
ペガサス・テック・ベンチャーズ 代表パートナー兼CEO
1975年生まれ。東京工業大学工学部開発システム工学科卒業。オクラホマ州立大学工学部電気情報工学専攻にて修士、首都大学東京（現・東京都立大学）工学部情報通信学科にて博士を取得 。IBMなどを経て、シリコンバレーにてペガサス・テック・ベンチャーズを設立。2021年現在、全世界で運用総資産額1900億円、30本のファンドを運営し、世界の大手事業会社35社のイノベーション促進の実績を持つ。著書に『スタートアップ・バイブル シリコンバレー流・ベンチャー企業のつくりかた』（講談社）、『世界の投資家は、日本企業の何を見ているのか？』（KADOKAWA）がある。
公式サイト：http://www.anisuzzaman.jp

米倉誠一郎（よねくら・せいいちろう）
法政大学大学院 教授／一橋大学 名誉教授
1953年生まれ。一橋大学社会学部、経済学部卒。同大学大学院社会学研究科博士課程中退。ハーバード大学歴史学博士号（Ph.D.）を取得。長年、イノベーションを核とした企業戦略、組織の歴史を研究。NPOなどの非営利組織のアドバイザーも数多く務める。著書に『経営革命の構造』（岩波新書）、『創発的破壊』（ミシマ社）、『オープンイノベーションのマネジメント』（有斐閣）、『イノベーターたちの日本史』（東洋経済新報社）、『松下幸之助：きみならできる、必ずできる』（ミネルヴァ書房）など多数。

シリコンバレーは日本企業を求めている
――世界が羨む最強のパートナーシップ

2021年10月26日　第1刷発行
2024年5月16日　第4刷発行

著　者――アニス・ウッザマン、米倉誠一郎
発行所――ダイヤモンド社
〒150-8409　東京都渋谷区神宮前6-12-17
https://www.diamond.co.jp/
電話／03･5778･7231（編集）　03･5778･7240（販売）
装丁――――金井久幸（Two Three）
ＤＴＰ―――藤 星夏（Two Three）
編集協力――相澤 摂
校正――――茂原幸弘
製作進行――ダイヤモンド・グラフィック社
印刷――――八光印刷（本文）・新藤慶昌堂（カバー）
製本――――加藤製本
編集担当――宮田和美

©2021 Anis Uzzaman／Seiichiro Yonekura
ISBN 978-4-478-11342-4
落丁・乱丁本はお手数ですが小社営業局宛にお送りください。送料小社負担にてお取替えいたします。但し、古書店で購入されたものについてはお取替えできません。
無断転載・複製を禁ず
Printed in Japan